# 《典范苏州·社科普及精品读本》编委会

典范苏州
社科普及精品读本

# 民风

——传道——修身苏州——

吴眉眉/著

中国·苏州
古吴轩出版社

# 总序

上有天堂，下有苏杭。苏州素有“人间天堂”的美誉。

苏州美，不仅美在她得天独厚的自然山水环境，也不仅美在她繁荣富庶的物质生活条件，更美在她悠久灿烂的传统文化。天时、地利、人和，三者共同造就了这座得天独厚的“人间天堂”。

一方水土养一方人。每个地方都有它的历史和文化。千百年来，世世代代的苏州人在创造物质文明的同时，也创造出了灿烂辉煌的吴地文化。苏州文化的独特性和丰厚性，体现在名城古镇、园林胜迹、街坊民居、小桥流水人家等特色鲜明的物化形态上，体现在昆曲、评弹、苏剧、吴门书画、诗文、丝绸、刺绣、雕刻等门类齐全的艺术形态上，还体现在文化心理的成熟、文化氛围的浓重、文化精神的彰显等诸多方面。明清两代，苏州更成为当时中国的文化中心之一。苏州，因其文化的历史悠久、薪火相传、历久弥新，特别是它的综合实力优势而成为中华文化一颗璀璨夺目的明珠，成为中华文化的典范城市和渊薮之区。

文化是根，是魂，是人们共有的精神家园。文化的凝结形成传统，文化的传承关乎未来。优秀传统文化具有涵养情操、修身益智、凝聚共识、励志图强等特殊价值。从“相土尝水，象天法地”的科学精神，到“先天下之忧而忧，后天下之乐而乐”的政治抱负，到“天下兴亡，匹夫有责”的爱国情怀，再到改革开放以来形成的“张家港精神”、“昆山之路”、“园区经验”三大法宝，苏州文化蕴含着优秀传统人文精神的传承和弘扬。苏州文化的生命力在于绵延不绝、生生不息的传承和开拓，在传承优秀传统文化的同时，又能结合时代特点不断推陈出新，从而使苏州文化日益根深叶茂、绚丽多彩，使苏州大地始终生机盎然、繁荣昌盛。

观乎人文以化成天下。我们正处在实现中华民族伟大复兴中国梦的新时代。实现中国梦，必须走中国道路，弘扬中国精神，凝聚中国力量。中华文化积淀着中华民族最深沉的精神追求，是中华民族生生不息、发展壮大的丰厚滋养。认识和把握中国的历史文化，有利于正确认识中国独特的发展道路，从而增强道路自信；弘扬优秀的民族精神，有利于激发中国精神；增强文化认同，有利于凝聚中国力量。中华优秀传统文化也是涵养社会主义核心价值观的重要源泉。继承和弘扬作为中华文化一个重要组成部分的苏州优秀传统文化，就是要为谱写中国梦的苏州篇章提供强大的精神文化力量。

苏州市委宣传部、市社科联和古吴轩出版社联合编辑出版这套《典范苏州·社科普及精品读本》，运用图文并茂、雅俗共赏的手法宣传普及苏州优秀传统文化，可谓适逢其时，很有意义，值得祝贺。

是为序。

2014年秋

春节

**爆仗·拜年**

正月初五

**接路头**

**东山**

赛猛将

元宵

**苏灯**

寒食

**清明**

**浴佛节**

乌米饭

苏州是鱼米之乡，又是丝绸之都，水稻种植和蚕桑丝织业尤其普遍，由此形成了具有浓郁地方特色的民间风俗。也就是说，有不少民间风俗表达的是百姓最为朴素的想法，他们只是为了祈求祛除灾害，实现五谷丰登，大家能丰衣足食，安享太平。

桃花坞

**轧神仙**

端午节

**龙舟·粽子**

**六月六**

狗浴浴

七夕

情人节

中秋·虎丘

踏月·听曲

中元节

盂兰盆会

重阳节

登高·吃糕

霜降

红枫

腊月初八

腊八粥

# 民风关键词

民风　就是民间风俗

冬至

冬阳酒

灶界老爷

糖元宝

除夕

团圆

# 目录

## 贰 消夏

## 叁 护秋

## 肆 贺冬

以故俗多奢少俭，竞节物，好游遨。

——南宋·范成大《吴郡志》

# 引子

民风，就是民间风俗，是人们在长期生活过程中逐渐形成的风尚、礼节、习惯等。十里不同俗，百里不同风。一个地方有一个地方独特的风俗习惯。这些风俗，与当地人的物质生活和精神世界息息相关，表现在农耕时代的人们为了生存，所依托的个人信仰之中。当然，风俗的形成和兴衰，则与政治、经济、文化等综合因素密切联系。

中国古代有“四时七十二候”，即所谓岁时节令，均是农耕文化的具体反映。古人就是在这万物春生、夏长、秋收、冬藏的自然法则中，认识宇宙运动的客观规律。经过长期的磨合，人们逐步形成与自然步调一致的四季劳作，和谐统一的生活习性。苏州是鱼米之乡，又是丝绸之都，水稻种植和蚕桑丝织业尤其普遍，由此形成了具有浓郁地方特色的民间风俗，如本书收录的赛猛将、照田蚕、山塘看会等一系列关于农耕方面的岁时风俗。明代王穉登撰写的《吴社编》中记载，苏州“里社之设，所以祈年穀、祓灾祲、洽党闾、乐太平而已”。也就是说，有不少民间风俗表达的是百姓最为朴素的想法，他们只是为了祈求祛除灾害，实现五谷丰登，大家能丰衣足食，安享太平。

当然，在苏州众多的岁时风俗中，有许多是与宗教有关的。在世界性宗教文化中，佛教文化自两汉时期由古印度传入中国后，经过漫长的封建

**赏荷**

农历六月二十四相传为荷花生日，旧时有赏荷习俗。最著名的赏荷胜地，近处有葑门外的荷花荡，远处有西山的消夏湾等。

**点肉身灯**

所谓的孝子跪于佛像前，在赤裸的臂膀上用铁钩扎进皮肉中，每个铁钩上均挂一盏点燃的油灯。

**串月**

所谓“串月”，一指圆月倒映在水面，人们可以欣赏到一连串的水中月；另一指从各个桥洞中都能倒映出月影。

**围炉闲话**

农历十月初一，正值秋冬交替之际，旧时为开炉日。天气乍寒，家家皆暖阁围炉，宴赏雪景。

社会而融入中华文化中。三国东吴赤乌年间，随着西域高僧支谦、康僧会来吴地讲经说法，带来印度佛经画本，佛教由此在吴地兴起。人们心甘情愿地“舍宅建寺”，促使佛教短期内在苏州迅速扎根，进而蔓延整个江南。“自梁武帝好佛，大兴塔寺”（明代黄省曾《吴风录》），呈现出“南朝四百八十寺，多少楼台烟雨中”之繁盛景象。清代袁学澜在《吴郡岁华纪丽》中说：“自昔支遁设八关斋，道生、慧响继起，唱法名山，吴俗遂风行尚佛。”清代顾禄《清嘉录》中记录的发生在寺院里的习俗就有观音山香市、浴佛（放生会）、阿弥饭、翻经、七月半、盂兰盆会（水旱灯）、地藏王生日、腊八粥等。

旧时交通不便，平日里，人与人之间的交往多局限于街坊邻里之间，且娱乐活动极少；所以当一年四季中的风俗活动开展时，人们就以此作为游览或者是交友的契机。于是，举办风俗活动的地方自然而然地成了人们社交活动、情感交流的一个重要场所。这使得民俗活动与人们的日常生活联系越来越紧密。那些时日，活动现场就显得格外“闹猛”。南宋的范成

拜天公
农历正月初九，是传说中的天诞日，苏州人就在这一天“斋天”。

二十四番花信风
自小寒起至来年的谷雨止，凡四月，共八个节气。一百二十日，每五日一候，计二十四候，每候应以一种花的信风。每气三番。

山塘街“三会”
古人把清明节、中元节、下元节定为鬼节。这三个节里，山塘街上都会开展一系列的祭祀活动，俗称迎神赛会，又称“看三节会”。

扫晴娘
“吴俗，久雨后，闺阁中有剪纸为女形，手持一帚，悬檐下以祈晴，谓之扫晴娘。”

大在《吴郡志》中说，苏州“以故俗多奢少俭，竞节物，好游遨。岁首即会于佛寺，谓岁忏。士女阗咽，殆无行路。亲友有经岁不相面者，多于此时相见，或庆或吊，纷然。议姻亲，觇婿妇，亦多决于此时”。

“自吴王阖庐造九曲路以游姑胥之台，台上立春宵宫，为长夜之饮，作天池，泛青龙舟，舟中盛致妓乐，日与西施为嬉。白居易治吴，则与容、满、蝉、态辈十妓游宿湖岛。至今吴中士夫画船游泛，携妓登山。而虎丘则以太守胡缵宗创造台阁数重，增益胜眺。自是，四时游客无寥寂之日，寺如喧市，妓女如云。而它所则春初西山踏青，夏则泛观荷荡，秋则桂岭九月登高，鼓吹沸川以往。”黄省曾在《吴风录》开头记载了苏州重量级岁时风俗的形成过程。及至程朱理学占据正统而一统天下，统治者对意识形态控制极为严格，苏州经济虽然在全国名列前茅，而政治地位却没有相应提高。为此，苏州在外做官的纷纷请辞，回乡择地造园，或购置名人园墅重加修缮，开始了由追求仕途发达向追求生活高雅的转变。于是有余钱、有闲情的文人士大夫以极大的热情追求着自己理想的生活方式，从而创造出各种物化的、精神层面的“苏州特产”，其中就包括“多奢少俭，竞节物，好游遨”的岁时风俗。

把这些岁时习俗推向高潮的，正是每个朝代的文人墨客士大夫。他们投身自然，寄情山水，出入古寺，或于自家园墅中邀友欢聚，在那些怡人的环境里，上演着一件件雅事，留下了许多与风俗相关的脍炙人口的诗词、流芳百世的字画。明代时期苏州已然形成了充满趣味性、知识性的岁时风俗文化，并很快发展到了极致，又于清代很好地延续着。如明代的沈周、文徵明、唐寅等，他们春日探梅、看玉兰，夏日赏荷、斗百草，秋日闻桂、望串月，冬日开炉、观红叶等，这些活动至今还是苏州不可或缺的民间习俗。

鸦片战争后，特别是经过太平军战火，苏州各方面都发生了翻天覆地的变化，随着政治、经济、文化等发生改变，社会风气由奢侈而略为节俭。平民百姓暖老温贫，聊以度日，岁时风俗也随之渐行渐淡。虽民国时期依旧有传统习俗的延续，但已不可与往昔同日而语。

有人说，凡是人类社会发展过程中遗留下来的文化现象，都有其民俗特点，从其民俗继承流衍的脉络中，可以窥见一个地区，乃至一个民族的历史渊源、地理环境、社会形态，以及文化和经济发展等诸多方面的情况。这一点，我想，从苏州岁时风俗千年流传的过程中，已经得到印证。

寒山寺听钟声活动，现每年于12月31日晚跨年时间举行，传统的祈福与时尚的狂欢在这一刻结合，成为苏州具有地域特色的风俗之一

壹

# 拜春

——姹紫嫣红满人间

历史上的苏州是著名的花木城市，明清时就是全国四大花市之一。从春天的鲜花，到冬天的窨花，苏州时令节气的风俗风情，与一年四季的时令花木有着特别密切的联系。苏州人爱花，恐把花期错过，祈愿花开茂盛，生活美好。二分春色之际，天地间的姹紫嫣红由此而起。

寒食花枝插满头，蒨裙青袂几扁舟；
一年一度游山寺，不上灵岩即虎丘。
郭里人家拜扫回，新开醪酒荐青梅；
日长路好城门近，借我茅亭暖一杯。
步屧寻春有好怀，雨馀蹄道水如杯；
随人黄犬搀前去，走到溪边忽自回。
种园得果廑偿劳，不奈儿童鸟雀搔；
已插棘针樊笋径，更铺渔网盖樱桃。
吉日初开种稻包，南山雷动雨连宵；
今年不欠秧田水，新涨看看拍小桥。
桑下春蔬绿满畦，菘心青嫩芥苔肥；
溪头洗择店头卖，日暮裹盐沽酒归。

——南宋·范成大

# 春日田园杂兴十二绝

柳花深巷午鸡声，桑叶尖新绿未成；
坐睡觉来无一事，满窗晴日看蚕生。
土膏欲动雨频催，万草千花一饷开；
舍后荒畦犹绿秀，邻家鞭笋过墙来。
高田二麦接山青，傍水低田绿未耕；
桃杏满村春似锦，踏歌椎鼓过清明。
老盆初熟杜茅柴，携向田头祭社来；
巫媪莫嫌滋味薄，旗亭官酒更多灰。
社下烧钱鼓似雷，日斜扶得醉翁回；
青枝满地花狼藉，知是儿孙斗草来。
骑吹东来里巷喧，行春车马闹如烟；
系牛莫碍门前路，移系门西碌碡边。

# 开门爆仗，响起新年的祝福

“爆竹声中一岁除，春风送暖入屠苏。千门万户曈曈日，总把新桃换旧符。”北宋王安石这首诗，可以说是家喻户晓。爆竹两千多年前就有，最初以燃烧竹子而发出声响；后以纸裹硫磺，称之爆仗；后来统称爆竹。南宋范成大《腊月村田乐府十首》之《爆竹行》写道：“岁朝爆竹传自昔，吴侬政用前五日。食残豆粥扫罢尘，截筒五尺煨以薪。节间汗流火力透，健仆取将仍疾走。儿童却立避其锋，当阶击地雷霆吼。一声两声百鬼惊，三声四声鬼巢倾。十声百声神道宁，八方上下皆和平。却拾焦头叠床底，犹有馀威可驱疠。屏除药裹添酒杯，昼日嬉游夜浓睡。”并自注：“此他郡所同，而吴中特盛，恶鬼盖畏此声。”

燃放爆竹能辟恶鬼，这一说法始见于西汉东方朔《神异经》。人们普遍认为，爆竹有驱疫送神的作用。清代蔡云《吴歈百绝》自注道：“俗称赛神曰过年。爆竹古以驱鬼今以送神，以百爆连声者名霸王鞭。”清代顾禄则有“乡俗相传惟爆竹，城居那得有山魈”之句。

而燃放爆竹的时间，六朝时已在“岁朝”即大年初一，南朝梁的宗懔《荆楚岁时记》云：“正月一日，鸡鸣而起，先于庭前爆竹，以辟山魈恶鬼。”除夕分岁筵罢，守岁到鸡鸣时分，岁朝来临，家家开门放爆竹，熚烞作响，寒烟满巷，称之“开门爆仗”。蔡云《吴歈百绝》又有“爆竹声中开万户，簇新衣帽拜新年”之咏。俗有兼于除夕燃放的，称之“闭门爆仗”。此风至民国依然如此，并包含了新的风俗文化内涵。除夕各项俗例事毕，临睡之前，放闭门爆仗；岁朝开门，放开门爆仗三声，叫作“高升三级”。由于家家户户守岁彻夜不眠，所以子夜时分，闭门与开门爆竹声往往连成一片。

旧时除夕守岁时，大人将祖先的“喜容”即画像挂好。拜“喜容”是初一早上放完开门爆仗每家必做的祭祀活动，陈设几案，点起香烛，供上粉圆，自长及幼，冠服而拜，遵古制行贺年之礼，以祈四季安乐，万事如意。行礼毕，小辈向父母、伯叔等长辈叩头贺年。贺年毕，家长带领子弟到邻族亲友各处祝贺，或派子弟代贺，称之拜年。尊长则以果饵或红纸裹银元赐与幼辈，称拜年钱，又叫压岁钱。若男儿已成婚，则其妻对公婆及各尊长也同样行贺年礼，受领公婆尊长的拜年钱。

《放爆竹》清·佚名

福
福

新春，提着灯笼的小姑娘，走在拜年的路上

《过年》 李涵绘
腊月将残，买年货，家家做糕，清扫屋宇庭院，至小年夜，则送灶，贴门神、春联，由此而及除夕，年夜饭后守岁

新岁拜年，本是人们传递情感最诚挚的方式之一。但至宋时，出现了一种省时省力的拜年方法，即帖到而人不到。比如有些人不想见面，但又要让人家知道自己的礼数，就差人递帖拜贺，类似于现在寄一张贺年卡。至清代，飞帖拜年的方式大肆盛行。拜年帖，清初用古简，有称呼；康熙中，则改用红单，只书某人拜贺。正如明代文徵明《文待诏集》中《拜年》诗所说："不求见面惟通谒，名纸朝来满敝庐。我亦随人投数纸，世情嫌简不嫌虚。"清代袁学澜也有"红帖朝来满路飞，千门爆竹报春归"之咏。

派童仆分投红单名刺，望门投帖，对方同样报以飞帖，这种方式虽然便捷，似乎少了些许诚意，只适合于关系普通——不求见面，只求传情达意的往来。然而还有一种更为简单的，就是在门间设簿籍，来客书上姓名，叫门簿；或粘红纸袋于门上以接帖，署为“接福”。清代范来宗《拜年》诗就说：“走贺纷阗岁钥更，素非识面也关情。添丁夸列怀中刺，过午飞留簿上名。羽士禅师同逐逐，东家西舍尽盈盈。春明旧梦还能记，驰遍轮蹄内外城。”不过此风不行于遵守礼教、奉行礼制之家，他们还是以传统的方式拜年，即使到了民国也还是如此。

出生于苏州的现代著名报人、小说家包天笑在《钏影楼回忆录》中，就记录了他代父拜年的经历。苏州人向来爱面子而工于应酬，凡亲戚朋友上门来拜年的都要回拜；即使一年中从不来往的亲朋之间，也必须互相上门拜年。因为有许多亲友终年不相往来，时间一长，便断了音讯，所以赖着新年互相拜一次年，可以一直联络下去。如若遗漏一二家，则必招致烦言，被对方误认为轻视甚至鄙视对方家庭贫困；若遗漏的是外戚或亲长，必大受训斥。亲戚朋友多的人家，少则数十，多则数百，马不停蹄地一家接一家拜，也要花上两三天的时间。若是薄暮降临才拜到的人家，称拜夜节；初十以外拜的，称拜灯节。俗语说“有心拜节，寒食未迟”，甚至说“有心来拜年，端午也不迟”。话虽如此说，但一般来讲，以不超过初十为好。若在居丧期，则迟五日出门拜年，否则被认为不懂礼数。

苏人的拜年活动，真是繁忙、热闹，飞舆满路，华服充衢，轿夫们一路狂奔，口号声不绝于耳，平日里人迹稀少的静巷幽坊，也沸腾起来了。士庶商民，出谒邻族亲友，互相往来拜贺；家道小康的，则车马盈门；子弟豪贵的，则官绅接踵。往往半月光阴，完全废弃于贺年之中，时而奔走，时而揖让，时而翎顶辉煌、衣冠济楚，遇人则拱其双手，互称恭喜，其态度殷勤，笑容可掬。无论是亲密宾朋还是疏远的亲属，都得循例行之。

拜年种种规矩，而今已不再拘泥于形式，新年的祝贺多样化却不改传递情感、真诚祝福的初衷。如今，岁朝的零点，辞旧迎新的爆竹声依旧连天。新春佳节，千门万户依然过着举家团圆的温馨日子。

# 接路头菩萨，祈求新岁富裕吉祥

正月初五，俗称五路财神诞日，苏州人有“接路头”的风俗，取无往不利的意思。清代蔡云《吴歈百绝》写道：“五路财源五日求，一年心愿一时酬。提防别处迎神早，隔夜匆匆抢路头。”为了抢到“路头”，人人争先恐后。

清代袁学澜《吴郡岁华纪丽》卷一《接五路神开市》写道：“今吴俗祭于厅事，参以元坛神，谓神掌天库之财。是时，连街接巷鼓乐爆竹声聒耳，人家牲醴毕陈，以争先为利市。”祭祀时，有钱人家铺张一点，穷人家简单一些，均是将鱼肉之类祭品，罗列于几案之上。即使是轿夫马卒，也是如此。就连娼家也拿出脂粉钱，买酒肴，设筵席，弹鸣弦，作迎神、送神曲。人们通宵奔忙，达旦忘眠，焚香肃拜，祈求在新的一年里能获得更多财富。而店家都争相在这一天开门做买卖，尘涨百廛，人喧万瓦，十分热闹。袁学澜又有《接五路》诗：“送穷迎富乐新春，里俗争酬五路神。终夜有声锣鼓沸，一年随例酒殽陈。”

五路财神，苏州人俗称“路头菩萨”。“路头菩萨，得罪勿起”是苏州人的谚语。试想，又有谁会和钱财过不去呢?

所谓五路财神，本是五祀，即东、西、南、北、中五路中的行神，并非财神。清代顾惺《接路头》乐府咏道：“行神非财神，路字义可绎。财

九天如意增福财神

近年来，人们对于正月初五接财神又投入了极大的热情。除了初四、初五交替那一刻响彻云霄的炮仗声，苏州街市上迎财神的活动更是吸引着人们

《接财神》 李涵绘

财神是中国最普遍的信仰对象之一。正月初五接财神，爆竹连宵，金锣震天，人家牲醴毕陈，顶礼膜拜，以争先为利市，至有彻夜以待者

神即行神，何必分两职。今之钱文书曰泉，百脉流通如百川。积产不学鸱夷子，坐守铜山亦饿死。俗儒但识门户灶，纷纷送穷足可笑。我不需财需用财，惟恐路头接不到。”清代吴江黎里汝秋士一首诗中也说“路头菩萨”是行神，诗中有“人为利所昏，所见无非利。路头古行神，今作财神例”之句。

经济的因素，改变了具有宗教意义的祭祀活动，“五路行神”就糊里糊涂地变身为“五路财神”。据记载，苏州五路财神庙曾建于芝草营桥，本在桥上，明初建，仅丈许小屋。清乾隆三十八年（1773），官绅捐购其西首民房改建。道光十九年（1839），士绅又捐募重建。其中奉祀的五路财神，有种种说法：一说是杜平兄弟五人，唐初人，掌天下财源，正月初五为神诞日，其五人即五祀中的行神；二说是南朝时期顾野王之子盛南、鸿南、夏南、周南、允南五人；三说是何五路，元末御寇牺牲而奉祭祀；四说是杜定，元时人，其部属有财帛、财库、寒山、拾得、催扛诸神，左右有招财乔有明、利市姚从益两神，并祀玄妙观内。

另外，与五路财神关系密切的上方山五显灵顺庙，初建于南宋咸淳年间，顾名思义，祀奉五显，故又称五显庙或五圣祠。至明初，朱元璋代以奉祀阵亡兵卒，也就有五通庙之说。其实朱元璋此举难以为苏州百姓所接受，清代毛祥麟《对山馀墨》所谓“兵卒奸淫，乃其生前故智，故死犹扰及民间”，就是这种社会情结的反映。巫觋也就推波助澜，编造邪说，抛出财色两说：一是五通好色淫邪；二是五通为五路财神，阴间之财也归其管辖，便可以“借阴债”。“借阴债”，实则巫觋借以敛财。相传农历八月十七为五通生日，庙中供桌上堆满锡箔元宝之类，香客取用，便是“借阴债”；以后每月初一、十五都须在家中烧香化纸，第二年八月十七再来庙中“解钱粮”，也就是还本付息。如果本人死了，子孙还要继续还。因此苏州有句“上方山的阴债还勿清”的谚语。人们原本想借祭祀五路财神达到发财目的，不想反而欠了上方山“还勿清”的阴债。难怪明代王穉登《吴社编》说：“吴风淫靡，喜讹尚俗，轻人道而重鬼神，舍医药而崇巫觋，毁宗庙而建淫祠，黜祖祢而尊野厉。”

不过话说回来，财神只是傀儡，操纵他的人为了达到自己的目的，往往拿财神说事，避债之人也把财神当作挡箭牌。清末点石斋人出版的《苏州旧闻·晚清社会新闻图录》中，有一则《财神示梦》的新闻，说的是元和县一位李生，为避债而躲入财神庙。庙虽破，神道有灵，托梦告诉他，下月去买吕宋票，也即彩票。这样的梦，大概也是如今想靠彩票发财的人常常做的，恐怕大多数人最终落得“偷鸡不着蚀把米”的下场。又有一则《财神募捐》，说吴县署西有座财神庙，光绪十七年（1891）五月初二，署中差役竟借庙中搭戏台之便，抬出财神去募捐。这分明是利用职务之便进行敲竹杠的恶劣行为。

另外，还有一则苏州旧闻《财神请客》，颇为传奇、有趣。据传苏州任蒋桥财神庙很是灵验，在庙诸人设酒款神，并拟大放焰火来答谢神灵保佑。有好事者还发放请柬，邀请“猛将尊神”同庆升平。经猛将堂司事回帖应允，遂于傍晚，先用全副执事将财神抬到空阔平地，安置妥帖，然后排齐仪仗，恭迎猛将。不一会，“神”也乘轿而来，分宾主东西而坐，献茶既毕，上菜宴客。随即放焰火八出，并燃流星花炮等。如此这般闹到半夜三更，猛将堂轿役众人，开始排道来接“刘天王”大驾返署。财神送客后，也即呵殿而归。如此煞有介事、闻所未闻的酬神掌故，当日居然轰动苏城，红男绿女结伴往观。

近年来，人们对于正月初五接财神也是投入极大的热情。可以说，“接路头”是苏州岁时风俗中，人们祀之极为虔诚的一项。初四、初五交替的一刹那，爆竹声响彻云霄，此起彼伏，以迎财神，祈求新岁富裕吉祥。

# 拜天公，求一个风调雨顺好年成

农历正月初九，是传说中的天诞日，对于光福镇的村民来说是个特殊的日子，也是一年中最为重要的日子。你想啊，天生日！天掌管的事太多了，其中与村民密切相关的就是天气了。这里种的果树苗木要靠雨水的滋润，渔民出港捕鱼要有平和的天气，所以是日凌晨，村民、渔民齐聚圣恩寺，烧香秉烛拜天公，祈求风调雨顺、五谷丰收。

天诞日，本是道教的节日，据明代吴自牧《梦粱录》记载，正月初九为玉皇大帝诞辰日，杭城中行香诸富室，都在承天观阁上建会。（另，《广月令》上说十月朔为天诞节。）西汉东方朔《占书》说："岁后八日，一日鸡，二日犬，三日豕，四日羊，五日牛，六日马，七日人，八日谷。其日晴，所主之物育，阴则灾。"后来人们据此"七人、八谷"之说，遂以"九天、十地"来附会。

苏州人就在正月初九这一天"斋天"。清代顾禄《清嘉录》卷一说，九日为玉皇诞辰，城中玄妙观弥罗宝阁、城外穹窿山上真观等都设道场斋天；《昆新合志》也说："初九日为天诞，清真观道侣架阁于庭，设醮祀玉帝，俗名斋天，观者如堵。"清代蔡云《吴歈百绝》写道："七日为人八日谷，谁祈人寿谷丰登。惯闻九日朝天去，香市穹窿第一层。"

吴中风俗，以"八日"谷生日为"上八"，据说这天昏时看参星，能看出一年内的水旱灾情。有谚语说：“参星参在月背上，鲤鱼跳在镬匬上。参星参在月口里，种田种在石臼里。”意思是说，参星在“月背上”的话，这一年里雨水多；而参星在“月口里”的话，这一年里雨水将很少。还有以当日参星之隐见程度，来测定上元日天气阴晴的：“上八不见参星，月半不见华灯。”

另据《昭文县志》记载：“九日为天日，兴福寺僧斋天，邑人多早起往观。”可见，佛教对斋天仪式也很重视。清代周宗泰《姑苏竹枝词·天生日》写道：“观中拜佛与烧香，橄榄摊头买画张。独有几人忙不了，卖婆孩子老亲娘。”卖婆，旧时指出入人家买卖物品的老年妇女，天生日这

光福圣恩寺

天，除了孩子和老人，其他家庭成员全部出动，前往寺观拜佛、烧香，卖婆自然闲得没了生意。

佛教传统以“礼拜供养三宝，请诸天吃斋”的“供佛斋天”，为新一年第一场重要法会。斋天，又名供天。佛教斋天仪式，是隋朝的天台宗开山祖师、有“东土小释迦”之称的智者大师，依《金光明经》制定《金光明忏法》而形成的。宋代慈云遵式所集《金光明忏法补助仪》，将仪式开合为十科，一者严治净室，二者清净三业，三者香华供养，四者召请持咒，五者赞叹述意，六者称名奉供，七者礼敬三宝，八者修行五悔，九者旋绕自归，十者唱诵经典。另据《金光明经》记载，金光明会上诸天于佛前发菩提心，亲承如来法勒，常佑护受持、读诵、书写《金光明经》者。诸天奉行正法，护持正教，修诸善业，不做恶行，并秉持法王嘱累，巡行人间，慈心辅翼有德，奖善罚恶，遂佛教徒礼敬诸天，设此法会，诵经礼忏，施舍净食，以供养十方三宝、护世诸天及其随从。

玄墓山风景绝胜，自古以来就是游览胜地，四季游人不绝于道，而以早春为最。清代袁学澜《吴郡岁华纪丽》卷一记道：“吴俗以正月九日为天诞日，到处琳宫梵宇设醮斋天，男妇毕集，焚香敬礼，书姓名于黄疏焚之。”光福的圣恩寺、石壁永慧禅寺等，正月初九举行斋天法会由来已久，尤其是圣恩寺，更是屐痕杂沓，舆马相望。这时寒梅正含苞枝头，让寻春的游人憧憬起香雪数十里的景象。过不了多久，当暖风入林，便是梅花的世界了，从城中而来的舟楫画舫挤满虎山桥畔，不但郡城里的士女都来探梅寻春，而且天下名流高士、骚人墨客也都慕名而来，夜以继日，探胜访古，寻幽赏景，文以记之，画以绘之，诗以咏之，极一时之盛。一如清代沈朝初《忆江南》词所咏：“苏州好，鼓棹去探梅。公子清歌山顶度，佳人油壁树间来，玄墓花正开。”继天诞日之后，玄墓看梅花，也就成了苏州地方的一个节令习俗。

圣恩寺南面的太湖边上，有个叫磡上的地方，也称坎上。因吴语“坎上”、“看浪”谐音，本地人俗称其“看浪”，一个极富诗意的名字。的确，在此看太湖层层白浪涌向足底，是件再美不过的事。磡上多高崖，拔起湖中，也有平沙浮衍于波面，这大概就是“磡上”地名的由来。崖上崖下皆住着山家，屋宇篱落，井井行列。屋后皆高山，山坡上到处是梅花，花开数里。轩窗乍启，波光如射，而蒹葭离披，天水俱永。明人徐枋是多么喜欢这个地方啊！见此情景，他直呼“直移我情矣”，并将其列为“邓尉十景”之一。

磡上有三个村，水果和苗木是其主要经济来源。由于临近圣恩寺，每年正月初九天生日，寺里举行斋天法会，磡上村民便拿出自产的鱼干、虾干、桂花酱、腌金花菜和各种蜜饯放在家门口卖，自发形成一年一度的庙会，既增添了热闹气氛，又增加了村民收入，此举堪称两全其美。近年，外地的一些商贩也慕名而来，山道两旁的地摊，绵延数里。值得一说的是，不知从何时起，每个月农历的初六、十六、二十六，光福镇都有固定的集市，本地人称之“六上”，这恐怕是光福特有的。集市颇具规模，所卖之物，从吃的、穿的到用的，应有尽有。

另外常熟旧俗，凡天生日都有迎神赛会，仪仗五花八门，名目繁多，有起马牌、马头鼓手、顶马、五色看马、财童、满汉筵、土地社、万民伞、香亭、文武茶童、金银太保、土地灶、提炉托香、红衣手、台阁等，分队分组而行。其中臂锣、臂香、肉身灯，分别以大铜锣、大香炉、红烛绢制荷花灯挂在穿入手臂皮肤的金属吊钩上，既重又痛。受此磨难，据说为酬恩还愿。这样的迎神赛会还不只发生在天生日这天，每逢猛将诞、春会报社、三节会、城隍诞、雷祖诞或祷雨祈晴等，都将一一上演同样的场景。

常熟『天生日』迎神赛会
摄于一九四七年

解元

## 赛猛将，愿新年是个无虫无害的丰收年

苏州至今仍保留轰轰烈烈的赛猛将风俗的，大概就是东山了。每到新年上演“出猛将”活动，古镇的大街小巷都沸腾起来。这样大规模的民间自发性风俗活动，如今已不多见。赛猛将也由最初人们欲借助神的力量，来达到驱蝗、司雨的目的，上升为全民健身的娱乐性活动。

苏州是鱼米之乡，遍植水稻与小麦，而蝗虫是稻、麦的天敌。面对遮天蔽日的蝗虫侵害庄稼，古代的农民无能为力，只能求助于猛将神。

传说中的猛将神，以刘猛将最为著名，在江南一带，祭祀他的庙宇甚多。据民国《吴县志》记载：中街路仁风坊（今名宋仙洲巷）北有刘猛将军庙，是南宋景定年间建，初名扬威侯祠，后加封吉祥王，故也叫吉祥庵；清雍正二年（1724）载入祭祀仪礼的典籍；乾隆八年（1743），知府觉罗雅尔哈善对其进行修缮（觉罗雅尔哈善自为记）。到了咸丰十年（1860）该庙破损塌坏，直到光绪年间，由里人重建。盘门营内有猛将南庙，建于明朝永乐年间，嘉靖三十三年（1554）毁，隆庆初，里人刘凤倡众重建。阊门外江村桥西有吉祥王庙，宋代建；元末，明兵入吴时毁，僧如石重建。横塘有猛将行祠，建置无考，明万历二年（1574）重修，万历四十六年（1618）郡人徐如珂重建。另外，洞庭东山的杨湾也有一座猛将庙，建置无考。民国《吴县志》并注道：“猛将今为乡村祭赛之神，其

庙村落桥亭到处有之，不能悉载，今择其最著者录之。”可见，村落间猛将庙很多，祭祀活动较城中也热闹得多。

猛将神到底是何方神呢？关于猛将神的由来，说法不一。明末清初吴江人朱鹤龄《愚庵小集》卷九《猛将神祠记》称：“神号‘扬威王’，又称‘吉祥王’，不知受锡何时，其姓名于史传亦无考。惟卢熊郡志曰：‘神姓刘，因瓦塔而创。’王鏊志又曰：‘或云名锐，即宋名将刘武穆锜之弟，尝为先锋，陷敌近人。’王穉登作《修庙疏》，又以为，刘鄜王爱弟鄜王者光世也。神之为锜弟欤？光世弟欤？皆无确据。”猛将神究竟是谁，无从考证。而对于农家来说，猛将神是谁似乎并不那么重要，只要能驱蝗、司雨就行。

猛将神古称腊神。“十二月朔，观傩于市，二十四止”；乡村则抬猛将神，“巡行闾里，鸣钲击鼓，仪从喧阗”。也就是说，最早时抬猛将神的活动是在农历的十二月，这项活动要进行二十多天的时间。清代时，祭祀猛将神的时间由腊月改到正月十三。祀神的形式和日期不尽相同，但主旨都是为了求神驱蝗、司雨。近代吴恭亨《对联话》卷二说：“郡县有刘猛将军庙，每农田害虫发生，必扛像为驱逐……”抬了刘猛将的神像至田间示威，好把蝗虫赶走。可以想象，面对成群结队的蝗虫，保护庄稼心切的农民，是何等无奈。若久旱不雨，也有“抬猛将”之举。

赛猛将由待猛将和抬猛将两项活动组成。据清代顾禄《清嘉录》载，各乡村农人于祭祀当日刑牲酹醴，结彩设棚，神像端坐于内，抬像游行，并邀请他祠之神共饮，人皆沾醉，称之待猛将。《清嘉录》卷一记载，正月十三“官府致祭刘猛将军之辰，游人骈集于吉祥庵。庵中燃铜烛二，大如杯棬，半月始灭，俗呼‘大蜡烛’。相传神能驱蝗，天旱祷雨辄应，为福畎亩，故乡人酬答尤为心愫。前后数日，各乡村民击牲献醴，抬像游街，以赛猛将之神，谓之‘待猛将’”。借着酒意的农民，抬着神像在

田间急奔如飞，以跌倒为乐，竭尽全力逗神开心，称之“抬猛将”。真是用心良苦！不过酒后的农人似醉非醉，控制不住自己的言行，使赛猛将活动最后演变成恶作剧：“蠢蠢丁壮，举国若狂，逞酒意，任血气，铜角一声，两队并合前驱，赤棒纷争交击，杯盘对掷，巾帻飞坠，儿童骇窜，邻翁喊哑，彼自以为乐，实恶习也。”（清代袁学澜《吴郡岁华纪丽》卷一）

至民国，农人形成了一套简单实用的赛猛将方式。民国时吴县人范广宪《石湖棹歌》称："新年赛会共盘桓，旗鼓欹斜撒粉团。塑得一尊新猛将，南村抬与北村看。"在老人记忆中，那是村里的头等大事，每年正月十三，村里某两户人家要分别接、送猛将老爷，全村人家一年一次轮流转。那一天，不管谁家接、谁家送，村里的男女老少都得全体出动，选出四名村里最强壮的青年抬轿子，轿里端坐猛将老爷，一行队伍浩浩荡荡，高举各种什锦牌、经幢、逍遥伞、香炉等，前呼后拥，吹吹打打，好不热闹！而四名抬轿的青年，不时在田埂上狂奔，名叫"抢轿"。当然猛将老爷也不是空手而来，随身带有几亩或十几亩的地，他转到谁家，这地里一年的收成便归谁家所有。所以对于接猛将老爷的人家来说，那无疑是件天大的喜事，遂早早地把屋里屋外打扫得干干净净，热热闹闹地大办酒席，以迎接猛将老爷的到来。

赛猛将除了在正月里进行，七月十五的中元节也有。"中元节候，田事耕耘甫毕，各醵钱设牲醴，迎赛猛将之神，鼓乐酬饮，四野插五色纸旗，以驱飞蝗，谓之'青苗会'。"（袁学澜《吴郡岁华纪丽》卷七）这个时间的活动，民间称"猛将老爷走会"。范广宪《石湖棹歌》有"开遍稻花香似海，村村报赛说驱蝗"之咏。其时，稻田间遍插小旗，迎风飘扬，以驱蝗虫。至于猛将驱蝗的作用，吴恭亨的《对联话》中说"亦往往奏奇效"。事实上，纵观抬猛将的活动过程，包括插在田间迎风招展的彩旗，不难发现，这其实是在田野里产生动静，达到惊吓、驱赶蝗虫的目的。时至今日，我们还能看到有些地方的田间插着稻草人，那也是为了驱赶虫鸟，保护庄稼。但就是这种客观的效果，大家却愿视为是猛将的神力作用。

# 闹元宵，灯火里的意兴阑珊

新年之中，人人皆事娱乐，每至黄昏时分，儿童们聚在一起，以敲锣打鼓为戏。至正月十五，其兴尤浓，即所谓闹元宵。

元宵节也叫上元节，这天晚上叫元宵，亦称元夜、元夕，是新年第一次望月之夜。据说始于汉，后世相沿不衰，内容更加丰富。因为这一夜，可以说是新春最后一个狂欢夜，自然隆重庆祝，吃喝玩乐，热闹非凡。

闹元宵中有个重要节目，就是灯市，唐以来就有观灯的风俗。南宋范成大归隐石湖，作《腊月村田乐府十首》，所写苏州民间十件事，其中之一就是灯市："风俗尤竞上元，一月前已买灯，谓之灯市。价贵者数人聚博，胜则得之，喧盛不减灯夕。"可见苏州在宋代就已有花灯销售，好的花灯竟然是用"聚博"的方式获得的。可惜范成大未说明如何"聚博"，或许与今日的竞价拍卖类似吧。

南宋时，苏州花灯品种最多，也最奇绝，成了独步天下的工艺行业：凡有出品，皆享有盛誉，号称苏灯。范成大《吴郡志》卷二就说"上元影灯巧丽，它郡莫及。有万眼罗及琉璃球者，尤妙天下"。万眼罗、琉璃球这两种苏灯，范成大特别欣赏，推为天下第一，他在《咏吴中二灯》诗中也多有咏及。如《咏吴中二灯》两首，其中一首《琉璃球》咏道："龙综缫冰茧，鱼文镂玉英。雨丝风外绉，云网日边明。叠晕重重见，分光面

面呈。不深闲里趣，争识个中情。”另一首《万眼罗》咏道：“弱骨千丝结，轻球万锦装。彩云笼月魄，宝气绕星芒。檀点红娇小，梅妆粉细香。等闲三夕看，消费一年忙。”另外，范成大在《上元纪吴中节物俳谐体三十五韵》“万窗花眼密，千隙玉虹明”句下注道：“万眼灯，以碎罗红白相间砌成，工夫妙天下，多至万眼。琉璃球灯，每一隙映成一花，亦妙天下。”苏灯之讲究，是显而易见的。

苏州桃花坞是苏灯的出产地、展示区。每当元宵节前，桃花坞的大街小巷，便会出现“喧盛不减灯市”的景象。范成大对苏灯颇有研究，作《灯市行》咏道：“吴台今古繁华地，偏爱元宵灯影戏。春前腊后天好晴，已向街头作灯市。叠玉千丝似鬼工，剪罗万眼人力穷。两品争新最先出，不待三五迎东风。儿郎种麦荷锄倦，偷闲也向城中看。酒垆博簺杂歌呼，夜夜长如正月半。灾伤不及什之三，岁寒民气如春酣。侬家亦幸荒田少，始觉城中灯市好。”又作《上元纪吴中节物俳谐体三十二韵》，于“灯市蚤投琼”句下注道：“腊月即有灯市，珍奇者，数人醵买之，相与呼卢，采胜者得灯。”自年前起，街市一片喧闹，鼓声咚咚，管弦呕哑，花灯炫目，一直要过了元宵才作罢。而“数人醵买”之风，尤以张家港为甚，市人既希望得到价格昂贵的花灯，又可增添节日浓浓的气氛。明代常熟人屈翀霄，有《丙午新春，和宋人范至能纪吴下上元节物俳谐体三十二韵》，全面展示了常熟元宵节的风俗。

元宵灯会，提着彩灯的小姑娘穿行在如画的街灯中

元末，张士诚占据苏州，虽然战事连连，但苏州城中灯市依旧繁盛。明代杨仪《垄起杂事》说，元宵灯市，城中灯球巧丽，他处莫及，有玉栅灯、琉璃灯、万眼罗、百花栏、流星红、万点金等。街衢杂沓，人物喧哗，就连张士诚也登观

风楼，开赏灯宴，“令从者赋诗，称之望太平”。可见，元宵节又是一个普天同庆之夜。

元宵节除了热闹的灯市外，也很是有今天“情人节”的意味。北宋欧阳修说过“月上柳梢头，人约黄昏后”。在元宵夜，那身着盛装、头簪梅花的女子结伴而行，提着彩纸扎灯，出门走三桥，穿过灯烛辉煌、烟火灿烂的街衢小巷，踏上精致的石拱桥，于桥上驻足回眸，在人群中寻寻觅觅……

入明以后，灯市上花灯的品种更多，除了琉璃球、万眼罗等，还有荷花、栀子、葡萄、鹿犬、走马之状的，掷空有小球灯，滚地有大球灯，又有以鱼魫、铁丝和麦秆做成的。另外有一种名叫栅子灯的，由鱼行桥盛氏造，当时已失传，就是云南所谓的缭丝灯。明万历二十四年（1596），袁宏道在吴县任上，作《岁时纪异》：“正月上元作灯市，采松叶结棚于通衢，下缀华灯，灯有楮练、罗帛、琉璃、鱼魫、麦丝、竹缕诸品，皆彩绘人物故事，或为花果虫鱼之像。其悬纸人马于中，以火运之，曰走马灯。藏谜者，曰壁灯。”袁宏道所说，与明代唐寅《观鳌山》诗中所描述的相似：社火鳌山，滚灯烟火，通衢委巷，星布珠悬，皎如白日，喧阗达旦，极尽吴中灯市之繁华。

至清乾隆朝，灯市最盛，于正月十三起至十八结束。清代蔡云《吴歈百绝》咏道：“龙灯兴过马灯兴，还托襶灾搭彩棚。中市前头濠上路，火为城复锦为城。”“看残大烛闹元宵，划出旱船忙打招。不放月华侵下界，烟竿火塔又星桥。”灯市期间，凡阊门以内，大街通路，灯彩遍张，不见天日。采松枝竹叶，结棚于通衢，白天悬彩，杂引流苏，夜晚则燃灯，火树辉煌。元宵夜，家家燃一双巨蜡于中堂，或安排筵席，互相宴赏。但这一盛况空前的灯市在嘉庆之后却日趋消沉，到道光末年已盛况不再。咸丰十年（1860）太平天国战乱后，百业萧条，虽然在同治、光绪年间灯

《闹元宵》 李涵绘
正月十五夜，为新年喜庆高潮，苏州灯市最为繁盛，人家、商户各剪纸为花灯，结架松棚，悬彩球，燃银烛，五光十色

市稍有复兴，但与往昔已不可同日而语了。

民国以后，社会风气转变，元宵前只做些兔子灯而已；当有市民提灯游行，才做一点花色灯彩。渐渐地，灯市便淡出元宵岁时风俗活动。

而今，苏州盘门灯会重回到人们的视野中，并采取了更为先进的高科技手段，以大型彩灯为主。灯市那几日，天上的圆月与人间的花灯交相辉映，将古老的盘门装扮得犹如天上的银河，男女老少尽情徜徉于灯火阑珊处，漫步其中，有种穿越的错觉。

苏州的元宵灯会，延续着射壶猜谜、张灯结彩的传统。如今盘门元宵灯会以高科技的大型彩灯为主，元宵夜天上的明月与人间的花灯交相辉映，古老而现代的苏州闪耀出魅人的光芒

# 踏雪寻梅，最雅事中最有神韵

梅花，历霜雪盛开，因而被赋予了坚韧不拔、自强不息的精神品质；而探梅，也成为历代文人最为热衷的雅事之一。

遥想当年，无数个早春，光福诸山的各色梅花竞相绽放，漫山遍野灿若锦绣，那暗香，浮动于湖光山色间，引来无数为之朝思暮想的清客。清代袁学澜《姑苏竹枝词》一咏再咏："游船历遍十三桥，邓尉梅探二月朝。有客推敲驴背句，满山香雪入诗瓢。""第一游春是探梅，虎山桥下酒船开。骑驴担榼寻香雪，尽向铜坑西碛来。""骑驴担榼寻香雪"的画面，随处可见：石桥之上，崎岖山道，画中人戴笠骑驴而行，雪里探梅，驴背觅诗。探梅的过程，实在也是文人高士的享受过程与创作过程。

梅树不止光福有，但人们为何对这里的梅如此着迷呢？明代爱梅之人姚希孟在《梅花杂咏序》中谈了自己的观点，颇具说服力。他认为梅得山水而色扬，光福诸山乃太湖之雉堞，城里来此探梅，只需一叶扁舟至灵岩山下，或纡迤从穹窿坞入，或直接从青芝山而来，皆盘折香林。转入邓尉，则梅花愈盛，波容水态愈媚。有一点需加以说明，那时太湖水位较高，淤塞也没有清代之后严重，所以光福一部分山与山之间有太湖水流入形成的溪河，可通舟。可惜的是，这样的画面，现在只能在古人的游记以及绘画作品中欣赏、回味了。

的确，作为四大赏梅胜地之一的光福，比起杭州超山、广东大庾岭罗浮山、武汉东湖梅岭来，有过之而无不及，因此探梅也成了苏州岁时风俗的盛观。“花时，红葩绿萼，相间万重，孕馡糁霙，芗气蓊葧，攒枝布跗，玲珑璀璨，合匝缤纷，弥望不绝。二月中旬，郡人舣舟虎山桥，襆被遨游，舆者，骑者，屣而步者，提壶担榼者，相属于路。率取道费家湖、马家山、蟋蟀山、铜坑、石壁、弹山，而以石楼为投最。其地俯窥旁瞩，蒙然暍然，曳若横练，凝如积素，绵谷跨岭，扬菁眂烟，七钿九华，宝妆天缋。”袁学澜《吴郡岁华纪丽》卷二如是描述了时人到光福探梅的盛况：游人一叶扁舟笃悠悠至镇上的虎山桥，然后或坐马车，或乘轿，或骑驴，循着御道慢吞吞入山里，所到之处，满目皆梅，相间数十里，俨然置身于一个小香国中。一如明代唐寅《玄墓山纪游》诗所咏：“玄墓名山久注思，少携闲伴是春时。隔窗湖水坐不起，塞路梅花行转迟。”

是的，玄墓山探梅自古有名，明代蔡羽有《游玄墓记》，清代邵长衡有《玄墓探梅记》等。清代王士禛更是一气呵成八首《玄墓竹枝词》，其中一首：“左连光福右真珠，南北湖山总画图。四十里中花作障，人家多半住花须。”

玄墓山赏梅，最为特别之处，在于雪中探梅。试想，朵朵梅花在飞舞的雪花中绽放，那是一种超凡脱俗的体验，别有一种情趣，另具一番神韵。“一夜吴阊雪，催人入洞庭。花先玄墓白，柳未太湖青。鼓棹乘春水，寻钟上翠屏。微微光福月，相与宿空冥。”（明末清初屈大均《冒雪同郭皋旭邓尉探梅》）“谷口通樵径，层岚蹑屐来。东风能澹荡，野兴独徘徊。地喜青山绕，花怜白雪开。长吟山月上，临去首重回。”（清代王鸣盛《邓尉看梅》）

而雨中的梅花，楚楚动人，煞是令人怜爱。王士禛又有《雨夜宿圣恩寺还玄阁》诗：“梅树初花石涧流，满山香雪送行舟。三更萧瑟湖边雨，百尺高寒水上楼。”

明末清初的徐枋，遵父命不仕清廷，寄情于山水间。他对光福的山水情有独钟，将这里作为隐居地的首选，处处留下他的履痕，而对玄墓山赏梅一事，他在《题吴山名胜图》中写道：“吴之山惟玄墓最奇，翠壁面湖，又以梅花为香国，山溪水涯，无非梅者。今圣恩巨刹，金碧照耀，与湖山争胜，亦诸方罕俪也。”并将其列为邓尉十景之一。梅花的品质，是徐枋这般明朝遗老遗少所特别追求和热爱的，探梅、咏梅是他们从不厌倦的事。据《光福志》记载，在一个寒冷的冬夜，徐枋曾与友人共饮并赋诗，有“一夜寒香万树梅”之句。这样一种景致，比之香雪海的盛况，实在另有一种清旷的意境。

“苟其人非有幽情真识，不能识其趣；非具高怀独往之兴，不能即其境而游”。这是明代文徵明在《玄墓山探梅倡和诗叙》中赞美玄墓山梅花的句子。他认为其地僻远，居民鲜少，车马不通，虽有古刹名蓝，岁久颓落，高僧韵士，也日远日无。正因如此，在文人心中，玄墓山的梅才格外清丽绝尘。文徵明还说：“吴玄墓山在郡西南，临太湖之上，西崦、铜坑，映带左右。玉梅万枝，与竹松杂植，冬春之交，花香树色，郁然秀茂，而断崖残雪，上下辉焕，波光渺瀰，一目万顷，洞庭诸山，宛在几格一真人区绝境也。”

光福探梅，清代顾禄在《清嘉录》卷二里提供了一条祖传的路线：首日由光福至三官堂前，费家河头抵涧里乌山头、铜坑，寻吟香阁遗址，过巉山头及草庵、惊鱼涧，登官山岭，取道董份墓至玄墓山，从蔡家场一直到柴庄岭、老虎洞、姚家河头宿。第二天，从姚家河头经光福凤鸣冈，上崻崦岭、司徒庙，看清、奇、古、怪四大树；上香雪海，由倪家巷、铜井山下至潭东；上潭山，登石嵝，转天井村，上看红梅、绿萼之和丰庵，登六浮阁看太湖，至潭西访五侯公墓，过蟠螭山，上大石壁归查山；复由潭东上长岐岭，过钱家磡，一直仍上柴庄岭。归途泛舟，梅花数十里，历历在目。一旦走错路，往往不能遍历光福的梅花。不过有一点顾禄似乎搞错了，草庵也叫双髻庵，在穹窿山半，并不在铜坑、惊鱼涧一带，除非后来移建于此，或是庵名相同。

正如顾禄所言，于吾家山、铜坑山、铜井山、邓尉山、玄墓山、西碛山、石壁、查山、潭山、石嵝等处赏梅，各有各的佳妙。一路行走在梅花香国中，连绵不断的山坡上如雪覆盖，一望无际。这条赏梅路线，堪称经典，不知是否有一天能重现这如梦般的游历。无奈，曾经发生在光福

采梅寻梅图 清·费丹旭绘

的诸多梅事，大多已如烟散去，唯有香雪海依旧真实，赏梅的岁时风俗也因此延续着。近几年，香雪海景区加大植梅力度，引进各地名种，如宫粉白梅、宫粉红梅、玉蝶白梅、玉蝶红梅、雪见车、送春梅、南京红、黄香梅、墨梅、单瓣绿萼梅、重瓣绿萼梅、满天星、红绿和红白鸳鸯梅等，共有三千余株梅树。前两年，景区拆了围墙，以一带梅溪代替，游人漫步山下公路，就能自下而上领略香雪如海的胜境。

# 拜花神，愿姹紫嫣红满人间

苏州人爱花，恐把花期错过，所以吴俗把农历二月十二定为花朝（也有以二月初二，或二月初八，或二月十五为花朝的），即百花生日。这一日，人们争相把五彩缤纷的丝绸或红纸粘于花树上，祈愿花开茂盛，生活美好。此时花苞孕艳，芳菲待绽，正二分春色之际，天地间的姹紫嫣红由此而起。

历史上的苏州是著名的花木城市，明清时就是全国四大花市之一。从春天的鲜花，到冬天的窖花，苏州时令节气的风俗风情，与一年四季的时令花木有着特别密切的联系，仅清代袁学澜《吴郡岁华纪丽》记载的相关岁时风俗活动，就有“玄墓探梅”、“玉兰房看花”、“虎阜花市”、“南园北园看菜花”、“谷雨看牡丹”、“茉莉花篮”、“珠兰花市”、“荷花荡”、“消夏湾观莲”、“山塘桂花节”、“菊花山”等。苏人对花特别有感情，吴俗盛传“二十四番花信风”之说：自小寒起至来年的谷雨止，凡四月，共八个节气。一百二十日，每五日一候，计二十四候，每候应以一种花的信风。每气三番。如小寒一候梅花、二候山茶、三候水仙，大寒一候瑞香、二候兰花、三候山矾等。元代袁华《水调歌头》就有“三百六桥春色，二十四番花信，重会在苏州”之咏。小小的花儿，时时为人类传递大自然的信息，为寸寸土地披上锦绣的色彩，给人们带来美好的视觉享受和心灵慰藉。

花朝那天，百花尚未烂漫于枝头，有的花朵绽放了，有的才长出娇小的蓓蕾。于是闺中女子剪五色彩缯，粘于花枝上，称为赏红。也有将红纸剪成小尖角旗，插于花盆中的。一阵春风吹过，彩旗飘动，祈盼着花儿早点绽放。女孩子们还剪彩花簪于鬓髻，以表达迎接春天的喜悦心情。又作扑蝶会，以应节。此时此刻，苏州的城乡间到处弥散着明媚的春色，构成一道绚丽的风景。

追溯起来，这一风俗滥觞于彩花。剪彩为花，汉晋时已作妇人的妆饰。南朝萧梁时，已有彩花系树的景象。至唐代，彩花系树已是立春的风俗。此风至晚清仍不绝，且移至花朝日，不但民间盛行，宫中也当作一桩大事。花事未至，要迎接；花事将去，要饯行。《红楼梦》第二十七回记了芒种日祭饯花神之举："那些女孩子们或用花瓣柳枝编成轿马的，或用绫锦纱罗叠成干旄旌幢的，都用彩线系了，每一棵树头每一枝花上，都系了这些物事。满园里绣带飘飘，花枝招展，更兼这些人打扮得桃羞杏让、燕妒莺惭，一时也道不尽。"可见迎花送花，都有彩花系树的风俗。

《苏州旧闻·晚清社会新闻图录》记了《祝花神诞》，从中可以知晓花朝的来历及光绪十三年（1887）昭文县花神庙酬神情景："花朝有二，唐人于二月十五日，今则概从十二矣。世俗所称之花神，近似附会，且亦不伦不类，而相沿既久，何妨人云而亦云，但必指其人以实之，且又拘于十二之数，泥矣。东方为木，青帝司之，言乎木，而花可该也。阅日报，昭文花神庙酬神一节，想见金樽酒满，庆八千岁春光，羯鼓声催，占廿四番风信，听鹂人至，扑蝶会开，绿女红男，瓣香争祝，洵足继觞咏之风流，觇太平之景象矣。"

光绪中更出现花窨茶叶，开始了茶花生产。因此，比起其他地方来，苏州花神的地位就显得格外重要。清代蔡云《吴歈百绝》咏道："百花生日是良辰，未到花朝一半春。红紫万千披锦绣，尚劳点缀贺花神。"据《桐桥倚棹录》卷三所记，虎丘有新旧两座花神庙：旧的在桐桥内，花

《百花生日》 李涵绘

正当二分春色之际，花苞孕艳，芳菲酝酿，天地间万紫千红。是日，苏州闺中女郎就将鲜艳的彩带系于枝头，红男绿女群趋至花神庙中，吴人称为赏红

神姓李，冥封永南土，傍列十二花神。明洪武中建，为园客赛愿之地。每逢百花生日，笙歌酬答，各极其盛。新的在虎丘云岩寺东，试剑石左，旧有梅花楼，乾隆四十九年（1784）建，并有《花神庙记》。

桐桥花神庙供奉的十二位花神究竟是谁，未见记载；或许民间的十二月花神，是随便凑数的，并没有特别的规定。如一说是，正月林和靖（梅花）、二月燧人氏（杏花）、三月崔护（桃花）、四月汉武帝（蔷薇）、五月张骞（石榴花）、六月杨贵妃（荷花）、七月蔡君谟（槿花）、八月窦禹钧（桂花）、九月陶渊明（菊花）、十月石曼卿（芙蓉花）、十一月周祇（枇杷花）、十二月苏东坡（腊梅）。还有一说，则有十四位花神，依次是正月柳梦梅、二月杨贵妃、三月杨六郎、四月刁婵（貂蝉）、五月钟馗、六月西施、七月石崇、八月谢素秋、九月陶渊明、十月张丽华、十一月白居易、十二月老令婆，闰月杨再兴，四季沈月姑。想得真周到，闰月也有花开，就让杨再兴主之；另外再让沈月姑监督四季花事，也就安排得更加细致妥当了。更多的说法则是一位花王，十二位花神，花神手中各执一花。清末桃花坞坊肆就制有《十二月花神图》，反映了苏州的风俗活动，而这些花神，都借用家喻户晓的戏文、小说人物。

苏州还有一处像生花、绒花同业奉祀的花神庙，先在齐门内星桥巷，后迁至定慧寺西。另外醋库巷的水仙庙，虽然奉祀洞庭君柳毅，却也有花事，每逢神诞，众姓各认一落，密悬一式之玻璃灯，中设宝座，旁列瓶几，插花陈设，以较胜负。日唯演戏；夜则参差高下插烛于瓶花间，名曰花照。花光灯影，宝鼎香浮，恍若龙宫夜宴。司事者或笙箫歌唱，或煮茗清谈，观者如蚁集，檐下皆设栏为限。真可谓是一次空前热闹的民间插花比赛。

苏州一年的鲜花应候绽放，四季花事纷繁，各个年代都有各自别样的风景。为此，明代唐寅《姑苏杂咏》有“江南人尽似神仙，四季看花过一年”之咏。如今百花生日那天，依然有怀旧的女子虚应故事，剪红纸条系于花树枝上，看着随风飘扬的彩纸，憧憬起花样灿烂的景象。

# 支硎观音院香市，拜佛游春两相宜

不知从哪年开始，支硎山观音院香市盛极一时。

观音，四大菩萨之一，又称观世音、观自在、观世自在，俗称观音菩萨、观音娘娘，是阿弥陀佛座下的尚首菩萨。据唐代张读《宣室志》记载，“唐敬宗时，厨吏修御膳，烹卵，闻鼎中呼观音菩萨，声甚凄咽，因罢斥缁徒之诏，诏郡国各于精舍塑观音菩萨像”。然而诏书中并未写明菩萨像是男是女，所以我们现在看到的都是女性像，法相端严，确指为梁妙岩公主得道成佛，并相传农历二月十九为观音诞日，六月十九为观音成道日，九月十九为观音出家日。善男信女认为，在观音诞辰之日念佛、诵经、持咒、放生、茹素尤为殊胜，俱大功德。故而士女于二月、六月、九月的初一持斋，分别至十九止，俗称观音素。

支硎山，位于苏州金阊门外西约二十五里，危壁竦立，石门夹道，因为晋代高士支遁曾居此，又有石盘薄而广平，石泉流于其上，如磨刃石，故名。山东麓因有观音寺，山又名观音山。此寺旧名报恩寺、观音院、楞伽院等，始建于梁代天监年间，寺内供奉观世音尊像。明代时归并白云寺，所以也为范氏香火院。寺内曾有一佛幢，六面六佛，袅袅香烟，徐徐转动，庄严神秘。据《止观辅行传弘决》，取意有二：一是说佛法能摧破众生烦恼恶业，犹如轮王之轮宝，能辗转推平山岳岩石；二是说佛法不

《支硎春晓》
明·文伯仁绘

停滞于一人一处，展转传人，犹如车轮之常转。

每年的观音诞日，支硎山便迎来一年中最为热闹的一天。是日，“东南风吹得庙门开”，寺门敞开，延引香客。观音院僧尼建观音会，庄严道场，香花供养。善男信女，纷至沓来，顶礼焚香。或施佛前长明灯油，以保安康；或供长幡，据说可求子得子，待小儿出生，则于观音座下皈依寄名，可保小儿长寿。明代黄省曾《吴风录》称“二三月，郡中士女浑聚至支硎观音殿，供香不绝”。清代蔡云《吴歈百绝》自注道：“支硎有观音院香市，自二月十九始，俗谓之开山。开山后诸名园遍开，师子林游人最盛。”并有“慈云稽首古支硎，针线非关社日停”之咏。是日，朝拜者似一条长龙盘于山间，其盛况毫不逊色于上方、虎丘和灵岩等地。由于山路难行，不少香客租赁竹轿上山，于是苏州也就有了一句歇后语：支硎山轿子——人待人（“待”苏州话谐音“抬”。见本系列丛书《吴语》）。这轿子也真够简单的，上无帷盖，两人一前一后肩扛以行，独具地方特色，当地人把这种轿子称为“观音山篙”。坐此轿，虽不蔽风雨烈日，但可尽情游览山林美境。

清道光二十九年（1849），袁学澜在游览了光福邓尉后，所坐的游船停泊在窄嶝山（狮子山）后小村，目睹了支硎山香市的热闹场面：夕阳在山，山道上竹轿聚集，流苏九华，宝妆五钿，扬蕤布雚，与韶光争媚。画船六柱，箫管迭奏。则有红袴稚儿，青裙游女，肩负花枝，随风弱步；富豪侠少，宝骑珊鞭，结队闲行，翱翔容与。但见道旁柳荫，鸟唤提壶，酒人扶醉，呼俦袒臂。货郎地摊，童孺戏具，应有尽有，如筠篮木盏、泥孩竹马、地铃丝鹞、蚕帘柳棬诸物。男妇争买，讨价还价之声，如潮水般回荡于山间。路侧杂厕茶篷、酒肆、饼炉、香铺，赶趁春场，蜂屯蚁聚。老僧因果，瞽者说书，立者林列，行者摩肩，遗簪坠珥，睹不暇拾。

待夜色临近，人们纷纷归家，则又有另一番诗情画意：闺房淑秀，帷幕尽开，婢媵后随，山花插髻，芳草绿缛，软衬双趺，臻臻簇簇，联络十里，笑语盈路，众情熙熙，无不各遂其乐，也不自知其何以乐。为此，清代徐元灏有《支硎》诗咏道："春风摇曳月华裙，一带山楼映夕曛。无数肩舆归去晚，香烟袅袅暗松云。"一路之上，左带鹤阜（何山），右望狮山。畦菜布金，篱桃舒靥。香风袭袂，游丝横陌。树树争妍，花花献笑。披襟骋目，人意融融。紫翠溟濛，云烟万状。俨然是一幅美不胜收的江南春景图。

面对此情此景，袁学澜感慨之余写下了《续咏姑苏竹枝词》："东南风吹庙门开，红男绿女进香来。西施洞边踏青去，观音山下棹船回。"袁先生认为眼前的繁盛富美，大可与南宋张择端《清明上河图》摹写的汴京风物相媲美。

盛大的观音庙会，如今已不可复睹，只能在袁先生《观支硎山香市记》文字中一观。

二、三月正是春暖花开之时，入山进香，既了却心愿，又踏青访春，实在是一举两得的美事。诚如清代沈朝初《忆江南》词所写："苏州好，二月到支硎。大士焚香开宝座，小姑联袂斗芳軿。放鹤半山亭。"还可以顺便买些特产，如当地人用枣、栗等木制作成的盂碗、葫芦之类；或以寸木制成的转盘图，上覆如笠，下悬如针，可旋转为戏；还有以柳木片胶粘成的小舫，为小儿玩物，此物不耐用，哄小儿女一时开心而已，俗有"乖乖乖，观音山买杺柴"之谣。

晚清以来，观音寺和其他寺院一样，香火慢慢寥落，殿宇也渐渐颓败，不复旧时盛观了。

说到观音寺进香，苏州洞庭东山的"伴观音"习俗也不妨在此一提。东山莫厘峰上有一座慈云庵，妇女于六月十九观音成道日前一天傍晚上山进香，在庵中住一宿，叫作"伴观音"。这是妇女集体求嗣的一种

《伴观音》选自《点石斋画报》

方法。伴观音起于何时，漫不可考。但妇女因求嗣在庙中住宿之事，则见于明人话本。

常熟支塘也有类似习俗，浴佛日前一夜，数千村妇集体住宿在褒亲寺里。清代姚文起《支川竹枝词》咏道：“宿庙褒亲最胜观，数千妇女聚成团。五更一哄提包散，故事相沿不禁官。”

# 虎丘看玉兰，只因此处花先开

虎丘花市上的珠兰、茉莉等花，令夏日的人们倍感清新愉悦。然而在此之前早春二月去虎丘“玉兰房看花”，已然成为苏州著名的风俗。只因虎丘玉兰房的玉兰花，要比其他地方的玉兰花早些盛开。

说起玉兰房的玉兰花早开，还有一个传奇故事呢。

虎丘的玉兰山房因玉兰花而得名，始建年代不详。明代陈序炳就有《虎丘玉兰》诗曰：“琼树迎春发，排枝拂佛寮。”由此可知，此房在明代就已存在。关于玉兰房的玉兰树，据清代袁学澜《吴郡岁华纪丽》卷二说，是宋代朱勔在福建所得，本来是想进贡朝廷的，因故未能成行，便移植于此。但也有人说是虎丘山云岩寺高僧所种。这棵玉兰树，一生历经磨难。明天启年间，其被大风所摧，后又渐渐长出。乾隆十五年（1750），元和县令王明标得知乾隆皇帝次年要临幸虎丘，到虎丘必定会来看这株六百多年的古玉兰。于是，王县令便重修了玉兰山房。乾隆于农历正月出发，估计二月下旬到达苏州，王县令担心皇帝来时花还未开，便命农人用炭火烘烤。果真，皇帝到时，雪蕊齐放，给足了皇帝面子，也给足了地方官面子。但树干被灼烧后枯萎了。幸好此树生命力旺盛，竟在边上抽长出旁枝。到了咸丰初，此树又是素艳照空，望之如云屋琼台。可惜的是，在后来的战火中，这棵玉兰树及山房全被毁了。

虎丘玉兰山房旧有古玉兰一株，名冠吴中，相传为北宋时朱勔从福建移植而来

虎丘玉兰山房赏花，为吴中士大夫所钟爱，也由此形成了岁时胜观。清代潘奕隽《虎邱杂诗》咏道："春风童冠集山堂，破晓来登选佛场。老辈几人还健在，花时拄策玉兰房。"自注说："昔年山后玉兰花开，先祖闲斋公时偕客登眺，常命追随。"文人观后常常为之题咏，清代宋荦有"香能寻小阁，雪欲障遥天"，姜实节有"我来倚树发长叹，曾见宋家南渡来"，曹基有"弄影风前香欲坠，凝辉月下色疑空"，杜诏有"六百年来春不老，三千界内玉无瑕"，这些诗句高雅贴切，抒发了作者追求美好事物的情怀。

康熙年间，状元彭定求之孙彭启丰与报本寺僧本照，仲春日同观山房玉兰后，写诗咏道："山塘游人花市簇，花满僧房照廊屋。芳菲旧本已成围，绰约新妆看不足。名籍辛夷吐晓烟，光兮玉蕊迎朝旭。南渡移来积岁年，西堂劫后留乔木。姮娥合队舞霓裳，姑射翩跹润膏沐。轻阴正值养花天，风雨不来半含蓄。支公好事屡招邀，蔬笋清斋胜游续。树下张

筵可四重，品茶联句香风逐。白发看花有几人，闲吟倚树堪娱目。拈来便可比优昙，散去何须恋薝卜。”于花树下设素筵，于香风中品清茗，难怪妙言佳语迭出，似有一股撩人的香气扑面而来。

就在士大夫们对这棵玉兰树百般颂扬之时，有人不服气了：苏州玉兰树那么多，为何偏偏就虎丘玉兰山房的如此美丽，如此动人，如此令人着迷？于是，戴名世怀着疑问在康熙某年的早春来到虎丘玉兰山房，

《玉兰花开图》清·陈枚绘

他想弄个明白。这戴名世也太过较真了，花借虎丘以扬名，这也是情理之中的事，谁叫这棵树生长在名门之中，来头又大呢。

且说，采用人工加温促使花朵提早盛开的手艺很早就有，明代的张萱在《疑耀》中就说："京师地窖养花，其法传自汉世，大官园冬种葱韭菜茹，覆以屋庑，昼夜燃温火，得温气，诸菜皆生。"这就是早期的"暖棚反季菜"了。然而，古人早就明白，暖棚中的反季节蔬菜吃了对人体健康不利，因而此法不久便停止了。不过此法用于种养花木，倒不失是一种好方法。"唐花之法：以纸饰密室，凿地作坎，绠竹置花其上，粪土以牛溲、硫黄，尽培溉之功。然后置沸汤于坎中，候汤气薰蒸，则扇之微风。经宿则花放矣。"（南宋周密《癸辛杂志》）用了这种方法，便可以使花提前或在预定的时间里开放。清代吴曼云有诗写道："天将巧伎付花师，幻出奇芳日几枝。似此火攻真易易，却嫌风信故迟迟。挽回造化司春事，点缀冰霜匝地时。安得小长芦太史，试灯佳节共裁诗。"

苏州虎丘的花农就运用了这种称为"窖花"的人工催花方法，将牡丹、碧桃、玉兰、梅花、水仙等原来应该在春天里开的花，生生提前到冬末春初开花，以供人家在新年里摆设。清代蔡云《吴歈百绝》有"牡丹浓鲜碧桃鲜，毕竟唐花尚值钱。野老折梅柴样贱，数枝也彀买春联"。奇怪的是，也称作唐花的窖花，因含人工技术而值钱；花农们辛苦一年种植的折枝梅花，却价贱如柴，数枝才够换副春联。自然生长的却不如人工催生的，不免令人唏嘘。

玉兰之花，不仅赏心悦目，更是一种不可多得的美食。因玉兰花开二月，正值多风雨时节，飘落琼英，狼藉可惜，故而俗称之薄命花。闺中女子心生怜惜，拾取花瓣，和粉面蔗霜，下油熬熟，称之玉兰饼，以佐小食，倒也是真正的"秀色可餐"。

# 三月三，文人雅集，佳人扑蝶

农历三月初三上巳日，苏州的私家园林里常常上演效仿古人的雅集。曲水流觞，园主与应邀而来的文人雅士，临池修禊，于桃柳间畅饮，于水榭边唱和。这种雅集，曾鼎盛一时。明代唐寅有《桃花坞祓禊》咏道："谷雨芳菲集丽人，当筵饾饤一时新。轹弦护索仙韶合，扠手摇头酒令新。白日不停檐下辙，黄金难铸镜中身。莫辞到手金螺满，一笑从来胜是嗔。"

其实，上巳日的雅集活动，本意并非喝酒、做诗这么简单。传说，当年简狄与其姐妹三人行浴时，吞玄鸟蛋而生育。这个故事意味着，早期人们在上巳日临水沐浴祛除邪气外，还包含着祈子的愿望。到魏晋时，上巳日（三国以后固定为三月初三）甚至有"曲水浮素卵"、"曲水浮绛枣"的活动，就是将蛋和红枣盛放于器皿中，放入流水上，人们各守一处，当蛋、枣顺流而下漂至面前即取而食之，与后来的曲水流觞形式基本相似。魏晋时期的潘正叔《三月三日洛水作诗》有"羽觞乘波进，素卵随流归"之咏，南朝陈的江总《三日侍宴宣猷堂曲水诗》也有"浮枣漾清漪，落花悬度影"之句。蛋和枣都蕴含"生子"的寓意。现在，有些地区依旧流传着"上巳社欢"的风俗。显然，上巳日"临水祓禊"，是古人精心设计的婚配和生育的一个重要日子。人们于春光明媚之际或踏青郊游，或雅集咏唱，都是为了增进彼此之间的情感，其最终目的只有一个，就是生育

子嗣，传宗接代。

其实中国的许多节俗都与生育有关。生生不息，是人类社会发展最基本的条件。

以流杯为趣、赋诗为乐的曲水流觞的禊饮方式，是后来才出现的，最为典型的就是著名的兰亭之宴。东晋王羲之的书法名帖《兰亭序》，让这一活动流芳千古。北宋张耒《和周廉彦》诗有“修禊洛滨期一醉，天津春浪绿浮堤”之咏。隋炀帝曾于上巳日会群臣于曲水，有所谓“木人行酒”，那是在水上的使酒行乐。《大业拾遗记》就记了这种技术含量极高的“曲水流觞”过程：“每一船，一人擎酒杯立于船头，一人捧酒钵次立，一人撑船在船后，二人荡桨在中央，绕曲水池。回曲之处，各坐侍宴宾客。其行酒船，随岸而行，行疾于水饰。水饰行绕池一匝，酒船得三遍，乃得同止。”待酒船行至坐客前停住，擎酒木人在船头伸手敬酒，客取酒，喝完还杯。木人举杯，回身向捧酒钵的人取杓，斟酒满杯。船依次再行，到又一坐客处，以同样的方法敬酒。如此修禊方式，也真亏古人想得出来。

还有更绝的。据史料记载，北宋欧阳修在扬州任知府时，于平山作“传荷飞觞”的游戏。这是一种筵席间的酒令娱乐，后来逐渐成为当地的饮酒风俗。清代时，文人雅士也曾效仿欧阳修旧事，举行“传荷飞觞”活动：几位文人围坐在山上屋内的案桌前，后面有侍僮捧酒器侍候，几位仆人持荷花往来奔走于山路之上……苏州画家金铎的《传荷飞觞图轴》，描写的就是这种酒令娱乐的场景。画上题款道：“万朵红云绕蜀冈，宾筵曾此醉欧阳。谁知七百年后复，又为莲花一举觞。”恐怕一场游戏下来，累坏了那几位持荷奔走的仆人。

在宋代以前，苏州人并不十分流行这类上巳修禊活动。南宋范成大在《观禊帖有感三绝》中说：“古人赋多情，无事辄愁苦。兰亭一觞咏，感慨乃如许。宝章埋九泉，摹本范百世。白鹅满波间，谁识腕中意？三日天气新，禊饮传自古。今人不好事，佳节弃如土。”苏州的文人竟然把这样浪漫的活动抛弃了，范成大的诗里颇有惋惜之意。即便到了明代，苏州的文人也只是借此机会在春花烂漫的大自然中开怀畅饮，兴致来时挥毫泼墨、吟诗拍曲而已。唐寅《题画》诗就咏道：“春风修禊忆江南，酒榼茶炉共一担。寻向人家好花处，不通名姓即停骖。”

不是苏州人不解风情，不会玩，而是苏州文人有着自己独特的修禊方式。当年，明人王宠在石湖边构筑越溪庄后，文徵明、唐寅等众多同道好友常常来此小聚。文徵明《上巳日石湖小集》有“办取一樽酬令节，扣舷聊和竹枝歌”之咏。吃吃老酒，唱唱小曲；乘着酒兴，画幅画，吟几首诗，亦是风雅得很。

苏州城中的修禊之处，首推七里山塘。三月初三，山塘波绿，人们竞出寻芳，演绎着春天里浪漫的故事：一场春雨后，穿着绣花鞋的美女们流连在花蝶间、池亭边、画船里；而文人雅士则相约于池亭间，看雨后清新，咏人生感悟。清代袁学澜《上巳》诗云：“雨过斜街绣屧香，桃花红破丽娃乡。池亭相约流觞会，不惜黄金醉野芳。”由于禊饮近水，以舟楫作游最合其意，或许画舫游就是这一风俗演进的结果。

旧时苏州多深宅大院，也多如贾宝玉般的富贵公子，上巳日不去水边修禊，却往园中扑蝶，其中乐趣，岂是农夫、工匠所能想象的？《苏州旧闻·晚清社会新闻图录》中《佳人扑蝶》，说的是某公子仿开元宫中遗事，令姬妾数人以小扇扑蝶，给人以“三月三日天气新，长安水边多丽人”的美好错觉。自古溱洧有采兰赠芍之风，兰亭有曲水流觞之会，佳人韵士，逸兴遄飞，皆是所谓修禊之事。另外马射为欢，龙钱作宴，或斗草成俗，或射兔分朋，这些佳话至晚清时已不大流行。

修禊与踏青，实相联属，冰心在《寄小读者》中也说，农历三月初三是古人修禊节，也便是我们绝好的野餐时期。上巳日已是春和景明之际，苏人从此日开始渐入春游良辰，且以有游地、有游具、有游伴为乐事。

《兰亭修禊图》 明·文徵明绘
以流觞为趣、赋诗为乐的曲水禊饮雅集，最为典型的就是著名的兰亭之宴

# 寒食祭逝者，清明插青柳

说到清明节，现代人首先想到的是祭祀亡故的亲人。然而在旧时，祭祀逝去的亲人是在寒食节，清明节流行的是在鬓畔插杨柳等。

据《旧唐书》记载："开元时，敕云：'寒食上墓，《礼经》无文，近代寖成风俗。士庶之家，宜许上墓，编入五礼，永为常式。'"寒食，是冬至后第一百零五天，据说这天必定有疾风暴雨，所以古人也称寒食为一百五日或冷节，其前一日称之"炊熟"。因为寒食前接上巳后连清明，人们容易将三者混为一谈。隋唐时，寒食固定在清明前二日；宋代则为清明前三日，故清明在冬至后第一百零八天，一般为农历三月初一前后。为了让外地官员在寒食期间能够回乡扫墓，唐玄宗开元二十四年（736）始，决定寒食至清明放假，"大历十二年二月十五日敕：自今以后，寒食通清明，休假五日"（北宋王溥《唐会要》卷八十二）。"寒食从前以来准式赐七日假"（日僧圆仁《入唐求法巡礼行记》卷四）。有了假期，自然可以从从容容地安排家庭活动，于是最迟至唐代，禁火、上坟、踏青等，已成为寒食、清明期间全国性的固定风俗活动。由于寒食与清明只有两三天之隔，所以上坟时间一般在清明前一日至立夏止，并不一定要在寒食当天。随着时间的推移，寒食和清明的界限越来越模糊，现代人渐不知寒食为何节了。

所谓寒食，是禁动明火，家家户户必须吃冷食。寒食禁火的典故，流传最广的版本，要数晋文公重耳与谋臣介子推的经典故事：重耳落难时，介子推紧随其逃亡历国，其间为保护重耳立下了大功。当重耳当上晋国国君（即晋文公）后，封赏了跟随他的人员，单单遗忘了介子推。待晋文公想起介子推时，介子推已和母亲隐居山林。晋文公进山遍寻不遇，

介子推经典故事图 选自清版《东周列国志》

竟放火烧山，想逼介子推出山。岂料，介子推与母亲被烧死山中。晋文公后悔不已，下令这一日禁动明火。

禁火一直要禁到清明日才能取新火。唐代，吴中望族之后的唐代诗人张籍《寒食后》诗有“田舍清明日，家家出火迟”之句，而作《枫桥夜泊》的唐代诗人张继《阊门即事》诗也说“试上吴门窥郡郭，清明几处有新烟”。

禁火之前，必须做些称为“寒具”的干粮，所以苏州人家通常做稠饧冷粉团、大麦粥、角粽、油馅、青团、熟藕等。这些食品既是祭祖时的供品，又可供家人在禁火日食用。

明代时寒食依旧禁火，明代太仓王世贞《江南乐》有“亚字城西沽酒，桃花坞头放船。春城处处啼鸟，寒食家家禁烟”之句。

到了清代，祭祀时还必须烧个时令热菜——笋烹鱼。或许有人为了在寒食节也能吃到热饭菜，故意说冷食不宜给鬼神吃。清代吴江徐达源《吴门竹枝词》写道：“相传百五禁厨烟，红藕青团各荐先。熟食安能通臭气，家家烧笋又烹鲜。”清代袁学澜也说“田家墓祭无多品，烧笋烹鱼酒一卮”。可见，最迟至清代，苏州寒食已不再禁火，清代苏州人尤侗也有《清明》诗说“不须乞火邻翁舍，吴地从来未禁烟”。

在苏州习俗中，如有亲人新亡，终七却未逾年的，则在春社前上新坟，故有“新坟不过社”之谚，祭扫时还要于墓侧号啕大哭。苏州旧俗，以清明、七月半、十月朔为鬼节，端午、冬至、年节为人节。逢鬼节则以麦面、纸锭祭祀祖先，称过节。清明日，新丧人家，多招法师或道士讽经礼忏，以资冥福，至亲往拜灵座，称之新清明，苏州周边地区也有称之新寒食的。

到亲人墓前，供上花、果、锡箔等物，称上坟。凡新娶媳妇，必须同行，称之上花坟。苏州人家上坟祭扫尤为隆重，无论是衙门差役或是用人甚至乞丐，都得上父母墓。普通人家于春季上坟；富有人家则有春秋两季上坟的习俗，南宋范成大《吴郡志》卷二就说“十月朔，再谒墓，且不贺朔”。

清代时，苏州墓地大多在偏远的郡西，每遇上坟，大户人家的男女，炫服靓妆，楼船宴饮，笑语喧哗，合队而出。寻常人家的宅眷，则淡妆素服，一叶轻舟以往。即使家里很穷的人家，也要备些简单的酒菜。到岸泊船，坟垅数十里间，子孙提壶挈榼，侍从肩担鱼肉，轿马后挂楮锭。清代蔡云《吴歈百绝》诗有“柁尾飘飘挂纸钱，出城都是上坟船”之句。可见那几日，出城上坟的舟船首尾相连，充盈河港。

本来苏城人家上坟扫墓，妇女、小孩都不大去的：妇女缠脚，行山路不便；妇女不去，小孩也就不去了。到了民国期间，妇女、小孩都可以去，反正乘船，船至目的地，又直接坐山轿到墓地。祭扫完毕，余下的祭品依例送给坟客们；还要分派“添土钱”，给来聚观的坟邻的儿童辈，使之不来墓地践踏。洞庭东、西山人，则将佳肴、美酒分送族人亲友，一起享用，吃饱喝足，欢呼大笑，祭扫、睦族之诚，他乡所不及。

祭扫罢，也不回家，顺便携家人、带酒肴就近至山野景色优美处游玩，并相聚欢饮。待到暮色降临，各携途中所买枣锢炊饼、黄胖傀儡、山亭戏具、画卵鸡雏等山中土产而归，哄儿女们开心。真是哭笑无端，哀往而乐回，以尽一日之欢。此举称为游春踏青，是中国清明时节风俗活动的一项重要内容。

除上坟外，旧时还有杨柳插门、戴杨柳圈、打秋千或驰马于野外、探花于名园等活动，因此清明风俗活动成为综合性群众娱乐活动。清代苏州横塘许锷《寒食踏青》咏道：“饧箫吹暖好春光，郊外游人逐队忙。绝胜溪山开罨画，剧怜时世竞新妆。随风柳絮粘行屐，出色花枝露短墙。蹋踘飞堶闲同足，踏青归路笋鞋香。”清代苏州女才人杨韫华作《山塘棹歌》，为我们描绘了旧时清明这天，满街叫卖杨柳，邻家姊妹纷纷相约，个个斜插一枝于发髻间，画面生动有趣。诗曰：“清明一霎又今朝，听得沿街卖柳条。相约比邻诸姊妹，一枝斜插绿云翘。”民间有谚说“清明不带柳，红颜成皓首”，爱美的女子为了红颜不老，纷纷结杨柳球戴于鬓畔。

旧时昆山地区则在寒食日“插麦叶于门户”和“男女胥佩戴麦叶”。其他地区，旧时也有寒食日插柳的习俗。

寒食、清明这几日，城里人家上坟祭扫、游春踏青好不热闹，而对于农人来说则是一年春耕播种——农事活动的开始。鱼米之乡的苏州，寒食、清明也是占卜丰歉的重要日子，据说这几日宜雨，有谚道：“雨打墓头田，高低好种田。”“檐前插柳青，农夫休望晴。”

《荡秋千》清·陈枚绘

清明時節
雨紛紛

路上行人欲断魂

《清明佳节图》
画上有诗：
『清明时节雨纷纷，
路上行人欲断魂。
借问酒家何处有，
牧童遥指杏花村。』
选自苏州桃花坞年画

# 山塘街一年看“三会”

古人把清明节、中元节（农历七月十五）、下元节（农历十月初一）定为鬼节。这三个节里，山塘街上都会开展一系列的祭祀活动——日间，官员致祭厉坛，游人纷纷聚集虎丘山塘，看无祀会；夜间，放焰口，放河灯，儿童持长柄荷叶灯绕街而走——俗称迎神赛会，又称“看三节会”。

祭厉坛的行为大概从明代开始，“洪武二年，上在朝阳殿，梦东莞城隍云：‘每岁致祭无祀孤魂，一次不敷，乞饬有司岁祭三次，庶幽魂得以均霑。’上览而异之，召礼部议，诏天下无祀者，岁于清明、中元、十月朔，郡邑官致祭，著为令。今祀典因之”（《日知录》）。

苏州三节会的厉坛设在虎丘山前。三节会中要数清明这次最为盛大，十乡城内外土谷神咸集，游人从四面八方蜂拥而来。此时春光明媚，正是出门踏青的大好时节，城郊有如此热闹的盛会，自然万人空巷了。清代袁学澜《续咏姑苏竹枝词》自注道：“清明节山塘厉坛迎祭无祀孤魂，名三节会。赛会极盛，彩轿逢桥疾走，名曰抢桥。”

迎神赛会开始，先由羽士章奏，吹螺击钹；家家户户清道焚香，寓钱锡锞，充满衢巷。十乡土谷神及旦升堂放衙，就像人间的长官制度。有祭祀之责的，皆得入坛，称之督祭。诸神都执手版，谒城隍神。短簿祠道流以王珣为地主，袍笏降阶迎接。这样的戏剧场景，如今看来着实可笑，可在当时，人们却一丝不苟，隆重祭之。袁学澜《姑苏竹枝词》就说：“厉坛寒食例迎神，箫鼓山塘闹暮春。手版折腰非俗吏，莺花地主是王珣。”

而各乡赛会，都于其时会集。凡里豪市侠，啸召俦侣，醵钱敛财，质锦贷绣，聚翠裒香，各一其务，称会首。会首先期经理会务，走会者戴花枝，捧香炉，裙襦衫帻，色以类从。角色行当则有皂隶衙兵、舍人掾吏。健儿手旗，苍头擎盖，牵画舫而陆行，装抬阁而陈戏。一时间箫鼓悠扬，旌旆璀璨，卤簿前行，幡幢林列。男妇扮成囚徒，桁杨枷锁，执香随会。还有眉清目秀的小孩，装束鲜花，站立马背，名叫巡风。清代蔡云《吴歈百绝》有“纷纭神役与神囚，多事舆神到虎丘。却爱巡风小儿女，绣衣花帽骋骅骝”之咏。

这“会”，真是名目繁多，种种讲究令人眼花缭乱，不可思议。届时，虎丘结麦柴亭，如琉璃黄瓦，光射朝旭。南濠设瓜仁垒，尊罍花石皆以瓜仁钉成。东仓造五谷垒，楼观轩楹都是用稻黍粘就，千奇百变，穷极精工。人家皆具香灯迎会。神舆过门，士女迎拜，称之接会。如果是荒隅小市等不能为会的，并入大会，名叫助会。收招游手之徒，为之前驱，遇到阻折，便争雄酣斗，叫作打会。士庶之家，把家中的孩童妆饰得红殷翠鲜，香熏粉傅，称之舍会。会所经行之家，折简召客，宾从戚属，闺秀婴奇；花间玉勒，柳下红妆，星目横波；家中、水上、街头，人山人海。如此这般，就叫“看会”。清代朱彝尊《山塘即事》对此有细腻的描绘，咏道：“寒食山塘路，游人队队偕。桁杨充皋隶，箫鼓导神牌。红粉齐当牖，银花有坠钗。殷勤短主簿，端笏立阼阶。神来官道拥，祝祭厉坛仍。活脱青袍引，纵横绣幰乘。巫风书具训，奢俗礼宜惩。手版纷纷集，我怜张季鹰。”

到民国时，三节会依旧隆重。据顾玉振《苏州风俗谈》记载，他幼年时，凡遇“三节”，私塾必放假，他就和他的父亲一起出游观会，非常愉快。然而，包天笑先生则认为，载酒看花，争奇斗胜，如此“看三会”，无非是苏州人说的“轧闹忙”、“人看人”。

贰

# 消夏

——愿以三伏换九秋

夏至的到来，意味着炎热的开始，《阴阳书》中说，从这天起，第三庚为初伏，第四庚为中伏，立秋后初庚为末伏，称之“三伏天”。元代陆泳《吴下田家志》也说：“一九至二九，扇子弗离手。三九二十七，冰水甜如蜜。四九三十六，拭汗如出浴。五九四十五，树头秋叶舞。六九五十四，乘凉弗入寺。七九六十三，床头寻被单。八九七十二，思量盖夹被。九九八十一，家家打炭墼。”

昼出耘田夜绩麻，村庄儿女各当家；
童孙未解供耕织，也傍桑阴学种瓜。
槐叶初匀日气凉，葱葱鼠耳翠成双；
三公只得三株看，闲客清阴满北窗。
黄尘行客汗如浆，少住农家漱井香；
借与门前磐石坐，柳阴亭午正风凉。
千顷芙蕖放棹嬉，花深迷路晚忘归；
家人暗识船行处，时有惊忙小鸭飞。
采菱辛苦废犁锄，血指流丹鬼质枯；
无力买田聊种水，近来湖面亦收租。
蜩螗千万沸斜阳，蛙黾无边聒夜长；
不把痴聋相对治，梦魂争得到藜床。

——南宋·范成大

# 夏日田园杂兴十二绝

梅子金黄杏子肥，麦花雪白菜花稀；
日长篱落无人过，惟有蜻蜓蛱蝶飞。
五月江吴麦秀寒，移秧披絮尚衣单；
稻根科斗行如块，田水今年一尺宽。
二麦俱秋斗百钱，田家唤作小丰年；
饼炉饭甑无饥色，接到西风熟稻天。
百沸缫汤雪涌波，缫车嘈囋雨鸣蓑；
桑姑盆手交相贺，绵茧无多丝茧多。
小妇连宵上绢机，大耆催税急于飞；
今年幸甚蚕桑熟，留得黄丝织夏衣。
下田戽水出江流，高垄翻江逆上沟；
地势不齐人力尽，丁男长在踏车头。

# 浴佛节，一碗“乌米饭”的健康念想

佛教一年中有两个大节：一是农历四月初八浴佛节，俗传为释迦牟尼诞日；二是农历七月十五的僧自恣日。这两大节都被称为“佛欢喜日”。现在苏州各寺院依旧有四月初八浴佛和农历七月举行地藏法会的习俗，还有一些寺院在浴佛节仍保留着吃“乌米饭”的传统。乌米饭，吴语中与“阿弥饭”发音相同。

浴佛节那天，即使像光福石壁永慧禅寺这样地处偏僻的寺院，也呈现出难得一见的热闹场景。

浴佛仪式在大殿举行，只见水盆里立一“太子像”（即释迦牟尼像），一手指天，一手指地。相传太子诞生时，说过“天上天下，惟我独尊”。浴佛的水是有讲究的，旧时以都梁香（泽兰）为青色水，郁金香为赤色水，邱隆香为白色水，安息香为黑色水，这四种颜色的香水混合在一起。

浴佛，其实是简单再现释迦牟尼出生时的场景。清代褚人穫《坚瓠集》说：“四月八日，俗传为释迦生辰，各建龙华会，以小盆坐铜像，浸以香水，而复以花亭、铙鼓迎往富家，以小杓浇佛，提唱诵偈，布舍钱财。有高峰和尚偈曰：‘呱声未绝便称尊，搅得三千海岳昏。恶水一年浇一度，知他雪屈是酬恩。’”传说四月初八夜明星升起时，佛祖坠地，连走七步，步步生莲，天上九龙为其喷水洁身，天女为其散花。大慧禅师《浴

唐卡 右下方是释迦牟尼降生时的情景
中国山西崇善寺藏

佛上堂语》说："今朝正是四月八，净饭王宫生悉达。吐水九龙天外来，捧足七莲从地发。"每年佛诞日举行浴佛活动，表达了佛门弟子对佛祖的崇敬和纪念，其现实意义在于——修得身心皆净。

至于浴佛节吃乌米饭的由来，民间有不同版本的故事。其中有一则说，战国时期，孙膑和庞涓同时进山向鬼谷子学习兵法，急于求成的庞涓学了点皮毛就急着下山了。鬼谷子见孙膑不骄不躁，谦虚好学，将兵法精要悉数传授给他。庞涓得知，心生嫉妒，先是假意招待孙膑，随即将他的腿弄残后囚禁牢中，逼他写出兵书。孙膑心生一计，装疯卖傻起来。

庞涓便将他关入马厩，不给吃喝，以探真假。老狱卒同情他的遭遇，就地取材，用山里的乌饭树叶捣烂后和米煮饭，再捏成马粪形状的饭团，扔进马厩。孙膑每天吃着香喷喷的乌米饭，很快恢复了元气。而庞涓却误以为孙膑在吃马粪，确认他真的疯了，渐渐放松看管。后来，孙膑被救出并报了仇。吃乌米饭的习俗也由此在江南一带流传开来。

乌米饭旧时就有，李时珍在《本草纲目》二十五卷中说，此饭乃仙家服食之法，而今释家多于四月初八造之，以供佛。清代顾禄《清嘉录》卷四也称，僧人以乌叶染米，煮出黑饭，称乌米饭。道家采杨桐叶、细冬青染米，煮出的饭，色青有光，称之青精饭。市肆煮青精饭为糕式，居民买回供佛，故名“阿弥饭”，也叫乌米糕。清代周宗泰《姑苏竹枝词》咏道：“阿弥陀佛起何时，经典相传或有之。予意但知啖饭好，底须拜佛诵阿弥。”

苏州西郊的山里，生长着许多野生的乌饭树。烧煮乌米饭，首先要采摘乌饭树叶；将采摘来的叶子洗净，甩干水放入石臼中，用木棍将叶子捣烂成汁。如果没有石臼，用搓衣板将叶子搓烂也可，数量少的可用榨汁机榨。乌饭树叶成汁后，加适量水和明矾，用文火熬成紫色汤汁，捞出叶渣。将淘净的糯米浸在其中，若是隔天浸泡，时间为八至十二小时；若是当天，浸泡三小时左右即可。做出来的乌米饭，粒粒分明、闪闪发亮，配上洁白如雪的绵白糖，一亮一暗，一黑一白，不仅好看，还有阵阵清香。

现在有条件的寺院，将制作好的乌米饭真空包装，这样整个夏季都能吃到乌米饭了。乌米饭，是一种具有深厚历史文化传统的民间食物。炎炎夏日，散发着天然清香的乌米饭、乌米粥或乌米粽子等，对于“疰夏”的人来说，确有增进食欲的功效，从而起到健体强身的作用，以安然度过漫长酷热的盛夏。

乌米饭，苏州人形象地称之为『黑米饭』。做乌米饭的乌饭树叶，有一种叫作南烛叶，属于杜鹃花科植物

# 立夏三朝开蚕党，愿一季蚕茧多几筐

男耕女织是封建社会的小农经济，全家分工劳动。在古代，皇室每年的祭祀活动中，皇帝亲耕先农坛，皇后亲祭先蚕坛，以表示对农桑的重视。苏州历来以养蚕出名，尤以太湖一带为重，山民以蚕桑为务，女未及笄即学习育蚕。

栽桑、养蚕，利用蚕丝织造丝绸，苏州蚕农一直视其比种田好。俗话说“养蚕用白银，种田吃白米”、“养得一季蚕，可抵半年粮”、“卖粮挑破肩，勿及拎篮茧”等。唐代苏州的养蚕业已很普遍，李白有“吴地桑叶绿，吴蚕已三眠”、“燕草如碧丝，秦桑低绿枝”等诗句。元代赵孟頫《题耕织图》题有“釜下烧桑柴，取茧投釜中。纤纤女儿手，抽丝快如风”。至明代苏州蚕丝业已十分兴旺。明代邝璠《农务女红之图》竹枝词中，就对养蚕的一系列步骤，如下蚕、喂蚕、蚕眠、采桑、大起、上簇、炙箔、窖茧、缫丝、蚕蛾、祀谢、络丝、经纬、织机，直到最后攀花、剪制，都进行了一一描述，从中可以了解相关的知识和风俗。

如《下蚕》：“浴罢清明桃柳汤，蚕乌落纸细芒芒。阿婆把秤秤多少，够数今年养几筐。”《喂蚕》：“蚕头初白叶初青，喂要匀调采要勤。到得上山成茧子，弗知几遍吃艰辛。”《蚕眠》：“一遭眠了两遭眠，蚕过三眠遭数全。食力旺时频上叶，却除隔宿换新鲜。”《采桑》：“男子园

《宫蚕图卷》局部 明·佚名

中去采桑，只因女子喂蚕忙。蚕要喂时桑要采，事头分管两相当。”《大起》：“守过三眠大起时，再拼七日费心机。老蚕正要连遭喂，半刻光阴难受饥。”《上蔟》：“蚕上山时透体明，吐丝做茧自经营。做得茧多齐喝采，一春劳绩一朝成。”

养蚕，令蚕农一家的生活有了保障，所以蚕农将蚕视为珍宝，俗呼“蚕

上图：养蚕　下图：收购蚕茧

宝宝”。整个养蚕过程精心呵护，全力保护，唯恐有所闪失，再苦再累也心甘情愿。每逢清明节，太湖一带的民间艺人，用稻草扎出一马形，扮作马明王菩萨，身披胄甲，骑在马上，口中高喊：“蚕将军来哉！”手中敲打木鱼、小锣，串门走户，将红纸剪成的蚕猫送给养蚕人家，口中说唱吉利语，俗称“念佛句”。蚕农在蚕室内早早贴上蚕猫图，以防老鼠伤害幼小的蚕宝宝。

谷雨期间是孵蚕的时候，升火温蚕，须日夜留神，至二眠出火。清代袁学澜《姑苏竹枝词》咏道：“桑柘阴浓昼掩关，种薰桃火倩双鬟。三眠过后蚕分箔，紫栋花时茧落山。”自注说：“种初生，以桃叶之火炙之，候其蠕动。自初眠至三眠，则分箔。采茧曰‘落山’。”因温种繁殖难度大，蚕农往往于立夏后购买现成的三眠蚕，有谚说“立夏三朝开蚕党”，育蚕俗称蚕党。值得一说的是，昆山的蚕农，将岁朝或照田蚕时留下的余灰置于床头，说能预示蚕茧丰收。蚕三眠时，他们还将蚕台置于床上，一家大小都睡在旁边，以身体的热量来温暖蚕宝宝。

三、四月为蚕月，这期间多有禁忌。蚕户红纸贴门，或门悬桃树柳枝辟邪，邻里不相往来，陌生人更是忌入蚕室。蚕娘衣不解带，寸步不离蚕室。自陌上桑柔，提笼采叶，至村中煮茧，分箔缫丝，历经一月，而后诸禁解除。“谷雨三朝蚕白头”，“小满三朝见新蚕”。桑叶必须备足，所以蚕农对植桑尤为重视，俗话说“栽上百年桑，勿怕成年荒”，并有许多相关的谚语，如“蚕农不培桑，来年哭一场”、“种桑三年，采桑一世”等。蚕到老熟，叶要吃足，此时若没了桑叶，或桑叶不足，欠债也要买来。据说官船若是遇到买了桑叶急于回家喂蚕的船，也得让路。不过买来的外地桑叶，进屋前要用桃枝拍打几下，说是驱除野鬼。

小满一到，蚕妇煮茧，治车缫丝，昼夜操作。清代朱麟应《竹枝词》咏道：“银光雪色茧丝夸，小妇沿溪出浣纱。翻得入时花样巧，织云坊在独儿家。”茧丝既出，挎至城中，卖与城隍庙前的收丝客。袁学澜《吴郡岁华纪丽》卷四记道：“惟时，邻翁称庆，蚕妇相邀，挝鼓赛神，缫车鸣雨，花篱人语，柳户风香，景物清和，丝抟雪白，各携至城中郡庙前卖之。”每年四月开始聚市，至晚蚕成而散市，称之卖新丝。苏州丝业至明清时最为鼎盛。太湖丝质地优良，广东、福建丝织业须用太湖丝为经或纬以提花，故苏州丝行营业兴旺。清代蔡云《吴歈百绝》写道：“蚕家多半太湖滨，浮店收丝只趁新。城里那知蚕妇苦，载钱眼热卖丝人。”芒种之后，蚕茧收获，新丝出售，家里有了余钱，蚕农就要斋蚕山、祭马头娘了。

苏人俗称的马头娘，即马头神，是我国流传最广的蚕神，也是传说中两位蚕神之一——另一位叫蚕丛。清代苏州的马头娘庙（也称蚕娘庙），香山的和合山就有一座，每年的蚕时赛神，被蚕农视为最重要的日子，所以妇女们个个盛装前往，临出门还要再三照镜。清代廖文锦《香山杂咏》写道：“马头娘庙闹如何，料理香篮付阿婆。换好衣裳还对镜，再添一笔改双蛾。”

另外，清道光年间，吴江盛泽镇有一座丝业同仁募捐公建的先蚕祠，即后来盛泽丝业会所的所在地。先蚕祠，俗称“蚕花殿”，供奉蚕茧行业的祖师。其建筑雄伟，内建双层古戏台，每年小满蚕神诞日，盛泽丝业界同行在此一连三天酬神演戏，俗称小满戏。吴江位于太湖东岸，自古以来就是有名的丝绸之乡，旧志上载“植桑者益多，乡村间殆无旷土，春夏之交，绿阴弥望，通计一邑无虑数十万株”，说的是清乾隆时期的景象。两百多年后，乡镇工业兴起，不少是丝绸厂，需要的桑树就更多了。

祭祀完毕，邀请亲朋好友聚餐，这就是蚕农所说的“上半年人养蚕，下半年蚕养人”。种桑、养蚕、机织、刺绣，是苏州的传统行业，十分繁盛，因此留下了蚕桑地、养蚕里等地名。

# 桃花坞里轧神仙，去沾点仙气交好运

神仙庙早期在桃花坞皋桥的东面，最初为李王祠，始建于何时已无从考证，因吴语“李”与“吕”同音，民间讹为祭祀吕仙的祠堂。宋淳熙某年的农历四月十四，有位名叫陆道坚的道士，在此设“云水斋”，据说用吕仙的神方，治愈了病人的风疾。于是一传十，十传百，来此求仙方治病痛的人越来越多。元至大四年（1311）叶竹居重建，改名福济观。

因为吕仙身背藏有灵丹妙药的葫芦，到处为凡人消灾袪病，所以苏人将他尊奉为医药业的祖师。明景泰年间，福济观再建时，在观中建“吕仙祠”。据说农历四月十四是吕仙的生日，俗称神仙生日，故福济观也称为神仙庙。每年的这天，男女老少，蜂拥而来，摩肩接踵，除了进香祭拜，还在人群中寻寻觅觅。那么他们究竟在找寻什么呢？传说吕仙这天化身衣衫褴褛的乞丐来到凡间，混迹观中，若见身患奇疾之人虔诚烧香，吕仙怜其一片诚心，会出手救度，疾患不治自愈。原来人们挤来挤去就是希望自己能“轧”到吕仙，沾点仙气，消除病痛，从此交上好运。后来，苏人索性将这天的盛会叫作“轧神仙”。

于是轧神仙这天，人们从四面八方而来，甚至还有无锡、常州、上海、嘉兴、杭州、湖州等地专程赶来的，香客络绎于途，踵趾相接，个个都希望轧到神仙。某一年的农历四月十四，对苏州风俗一直很有研究的

苏州每年农历四月十四在南浩街举行的轧神仙活动，是苏州最具特色的民俗之一。南浩街是现今苏州轧神仙的正宗所在，而苏州也在努力打造好『轧神仙』这一民俗文化品牌

上图：二十世纪三十年代初苏州轧神仙庙会场景
下图：位于南浩街新建的神仙庙。苏州的福济观早已不复存在，而今轧神仙演变为民俗庙会，人们已不在意神仙是该住『观』还是住『庙』

清人张大纯，经过福济观时，感叹观内的热闹场景，写下《清和十有四日过福济观感赋》：“吴市近喧阗，十丈红尘聚。蚩蚩赴羶腥，无异沾泥絮。妄思非分福，兹辰爇香炷。神仙本眼前，觌面不相遇。”

据口耳相传，坐北朝南的神仙庙占地一千五百多平方米，头山门前有照墙，门前有一古井。经山门，过御道，即是正殿。御道两边，古树参天，其中古桧颇有大名，明代宰相王鏊《题福济观古桧》咏道：“翘然百尺欲凌空，老干年深铁石同。寿木世间知不少，托根何似得仙宫。”正殿前为露台，露台上有三米多高的丹炉。正殿内绣幡高挂，金钟、木鼓分列两侧，正中是吕仙神像，左右两神为柳、白两仙。后面还有三官殿、雷祖殿、火神殿等。福济观中旧时有迎仙阁，据传众仙聚饮阁中。后来观中建了玉皇阁，有人说吕仙为回避朝参，不再来此。

明代时，神仙庙中的炼丹师郭宗衡很是了得，炼丹、招鹤、呼风、唤雨样样在行。他与当时的文人士大夫往来甚密，刘铉写过一首《过福济道观访炼师郭宗衡》诗：“炉出龙涎向我焚，仙翁留客意殷勤。紫箫声起招黄鹤，石埸光浮卧白云。昼日风雷宣帝令，夜坛星斗焕兵文。于今虽有笼鹅在，谁写黄庭似右军。”杜琼有和诗《和刘祭酒赠福济观郭卧云》。因桃花庵与福济观近在咫尺，唐寅常去观中作画赋诗，有一首《正德辛巳结夏于福济院画以遣兴并赋》咏道：“懒学禅门爱学仙，却从丹汞得真传。忘机便是长生术，修到人间福利天。”

在拥挤的进香人群中，最狂热的当推妓家，其次为医家，再次为药业。清代沈朝初《忆江南》说：“苏州好，生日庆纯阳。玉洞神仙天上度，青楼脂粉庙中香。花市绕回廊。”福济观内原有仙方店，来求仙方的大多是贫病交加、无钱就医，或是身患顽疾、久治不愈的人。求仙方时，稍稍花点钱请副香烛，祭祀叩拜后，以求签形式问病得方。签筒有五个，分男、妇、幼、眼、外五科，共有三百多根签，每根签上的号码对应一服仙方，其

庙仙神
售票处
每位5元

中只有一根是罚油签。顾名思义，抽到此签要主动交“罚款”，以此表示诚心。求得方子就到仙方店抓药，病人服用后，往往都能见效。于是病人再到观中烧还愿香，有的还请堂名到庙中唱戏弹曲，以酬谢神仙。

神仙生日前夕，为了讨吉利，苏州人家有剪除万年青旧叶，弃掷于门前道上的习俗，据说让人踩踏后易生新叶，人们以种植万年青的欣萎，占来年的盛衰。因万年青也叫千年蒀，吴语“蒀”与“运”同音，故一边丢弃旧叶一边口中念道：“恶运去，好运来。”或于观中买新叶种植，称之“交好运”。因此贩卖花草及泥人的小商小贩越来越多，虎丘花农也将自家种的花草挑来出售，以至摊位从观内一直摆到观外的下塘街。正因如此，这一段街有个富有诗意的别名，叫花街。轧神仙期间，从吃的穿的到用的无不冠以神仙的名字。如家家必吃的五色米粉糕称神仙糕、纯阳糕，渔人网得的金钱龟称神仙龟，吃茶称吃神仙茶，剃头也称剃神仙头。

1949年以来，各个地区的公共医疗机构逐渐成立，随着科学的医疗卫生知识不断普及，市民开始有意识地去医疗机构求医问药，轧神仙的含义由此发生变化，从求签治病、求得好运等转移到买卖上，尤以当地出产的花木、工艺品、泥塑玩具、小动物等为主。“文革”期间，神仙庙中的神像全毁，殿宇拆改为民房，仅存山门残壁，但轧神仙的活动却并未消失。二十世纪八十年代起，轧神仙的地点由神仙庙改到吴趋坊巷内，1992年又迁至中街路，二十世纪末于阊门外南浩街重建神仙庙。从此，每年农历四月十四的轧神仙活动在南浩街隆重上演，其目的也由原来的焚烛烧香祝祷以祈福、消灾、除病、交好运，转为由广大市民积极参与的综合性娱乐活动。

# 斗百草，老夫也作少年狂

农历五月初五向有“踏百草”和“采百药”的习俗，俗称“草头方”，可供药饵。南宋吴自牧《梦粱录》中说，五日采百草，制成药品，藏之为辟瘟疾等用。采药，自三月起至五月止，也是上古已有的风俗。

实际上斗百草之戏，就是由端午踏百草、采百草变化而来的一种传统游戏。《诗·周南·芣苢》唱道：“采采芣苢，薄言采之。采采芣苢，薄言有之。采采芣苢，薄言掇之。采采芣苢，薄言捋之。采采芣苢，薄言袺之。采采芣苢，薄言襭之。”这是一首采车前子时唱的歌，西汉申培《诗说》就称它是“童儿斗草嬉戏歌谣之词赋也”。可见采药与斗草是紧密联系的，并且早在周代就有这样的风俗。唐代韩鄂《岁华纪丽》也有“端午，结庐蓄药，斗百草”之说。由此，端午斗草的习俗在宫廷和民间一直流传不息。如何斗草，主要有两种方式，文斗和武斗。文斗，即以每人采得的花草作对，对答不上者输；武斗，即两人对拉草茎，比试韧性，断者为输，这也是最原始的斗法。

古人斗百草，起自清明，终于端午。吴地斗草风俗悠久，最早可见吴王与西施斗百草之戏。南宋龚明之《中吴纪闻》载：“吴王与西施尝作斗百草之戏，故刘禹锡诗云：‘若共吴王斗百草，不如应是欠西施。’”文人的推波助澜，使斗草这种趣味游戏更具文化内涵，唐代郑谷有“何如斗百草，赌取凤凰钗”之句，北宋欧阳修有“共斗今朝胜，盈襜百草香”之句，北宋王安石有“共向园中寻百草，归来花下赌金钗”之句。

斗百草之戏本为春闺韵事，闲闺彩伴，于花园、药圃，采来各种名葩，围坐在芭蕉叶或貂皮垫上，审详品类，看谁找到的花草更多更奇，如以姊妹花对夫妻蕙，君子竹对美人蕉，有而无对，则有者胜，无者负。南宋黄子常《绮罗香》词咏道：“绡帕藏春，罗裙点露，相约莺花丛里，翠袖拈花，香沁笋芽织指，偷摘遍绿径烟霏，悄攀下画栏红紫，扫花阶褥展芙蓉，瑶台十二峰仙子。芳园清画乍永，亭上吟吟笑语，妒秾夸丽，夺取筹多，赢得玉珰瑜珥，凝素靥香粉添娇，映黛眉淡黄生喜，绾胸带，空系宜男，情郎归也未？”地上青苔，红香狼藉，栏边芍药，喧闻笑语，场面热烈而欢快。昼长无事，闺中女子多借此以博筵席，或赌以钗头金凤。

斗草也包括斗花，长安仕女就于春时斗花，她们于发间戴插奇花，多者为胜。为此富贵者纷纷以千金买来名花，植于庭院中，以备春时之斗。逐渐斗花斗草以数量、种类、品质为衡，久而久之，就以植物学知识来作比斗了。五代十国时期的花蕊夫人有首《宫词》，描写了五代西蜀的宫苑里，几个稚气未脱的宫女，于怒放的红芍药花栏前，坐在各自采集的花草堆上，这个拿着春蒲，说它像箭；那个拿出荇叶，说它似钱。嬉戏笑闹，真是少年不知愁滋味，正如词中所写：“斗草深宫玉槛前，春蒲如箭荇如钱。不知红药阑干曲，日暮何人落翠钿。”

数百年后，相同的场景又发生在曹雪芹笔下一群天真烂漫的少女中，同样是红芍药花开的季节。《红楼梦》第六十二回《憨湘云醉眠芍药茵，呆香菱情解石榴裙》中，有小螺和香菱、芳官、蕊官、藕官、荳官等人，在雨后清新的空气里，于“红香圃”外斗草的情节，生动的描写，令人身临其境。《镜花缘》第七十六回《讲六壬花前阐妙旨，观四课牖下窃真

《斗草》清·孙继芳绘

射粉團

賜梟羹

採藥艸

養鵓鴿

《端阳故事图册》
清·徐扬绘

传》中，也有一段斗草情节。像她们这样以口语辞令来斗草，说明这一游戏已被注入了强烈的文化内涵。

《苏州旧闻·晚清社会新闻图录》有一则《斗草风清》，反映了当时发生在苏州闺阁中的韵事。这种现象，在苏城各大庭院中都很流行。新闻说，姑苏城内某大家有一女公子，绝世清才，别饶雅兴，是日约同姊妹花三五枝，遍觅异卉奇葩，陈列于庭，互争胜负，衣香鬓影掩映于花光草色间。“或诩迎凉，或夸醒醉，或名标吉利，或美著合欢，或擅救穷之奇，或具独摇之态，或如郑康成之栽书带，或如谢惠连之呼仙人”。五光十色的花草，令人目眩，远不止《红楼梦》中所说的品种。斗花斗草，以吉祥而少见的花草为胜，深受有钱、有闲、有文化的闺阁女子的青睐，成为闺中颇为难得的一大韵事、趣事。她们不但评花论草，更喜欢将其簪于发际作为发饰。鲜花也最能体现江南女子的清秀与婉约，无论斜插一枝或插个满头，都各有曼妙之韵。

这种充满趣味的游戏同样深受儿童的喜爱，他们于田野采撷芳草，置之怀袖，呼群引类，赌斗输赢，这样的场景被定格在清代宫廷画家金廷标笔下的《群婴斗草图》里。临水坡岸上，绿柳垂阴下，湖石花草间，一群男婴斗花的斗花，拉茎的拉茎，拔草的拔草，摘花的摘花，人物写实，调色明快，一个个表现得生动传神，憨态可掬。难得的是，画的右上角有乾隆二十九年（1764）夏日御题诗一首：“垂杨奇石草芊萋，红绿倾篮斗贾低。赤子之心爱生意，名言那识有濂溪。”

其实，斗花斗草不仅仅限于女子和儿童，在文人看来，也不一定拘泥于春天，一年四季，兴致来时，有什么花就斗什么花，早在唐代就有斗梅花的习俗。可以想见，当南宋的范村三十六种梅花竞相绽放时，主人范成大约上二三知己，漫步于梅树下，边赏梅边斗梅。那时的范成大一定忘却了病痛，开心得像个孩子。

# 端午节，龙舟竞渡庆太平

在传统节日中，农历五月初五端午节是个大节，又称为端阳、重午、重五，除此还有不少别称，如天中节、浴兰节、女儿节、菖蒲节等。其旧时与年节、冬至并称三节。然而在两晋以前，并无端午的说法。“端午”一词出现在文献里，最早见于东晋人周处《风土记》，并且也被称为“端五”。各地过端午，大都从五月初一开始，以初五为正日。许多地方称五月初一为小端午，初五为大端午，但也有例外。届时石榴花灼映红颜，彩带系玉臂，水上龙舟飞驶，岸边人声鼎沸，家家裹粽，户户举宴，厅堂香烟缭绕，戏台笛声悠扬，街衢迎神赛会……如此快乐欢欣的场面，只有在太平岁月里才得见。

苏州旧俗也以初五为端午（五）节。古人以五月为忌月；苏州人则反其道而行之，称其为善月，但百事也多禁忌。端午节的风俗活动，很多就是为了辟邪，作平安健康的追求。南宋范成大《重午》咏道：“熨斗薰笼分夏衣，翁身独比去年衰。已孤菖渌十分劝，却要艾黄千壮医。蜜粽冰团为谁好？丹符彩索聊自欺。小儿造物亦难料，药裹有时生网丝。”端午这天，瓶供蜀葵、石榴、剑蒲诸花草，妇女则簪艾叶、石榴花。家家设宴，延赏端阳。药肆馈赠苍术、白芷、大黄、雄黄等药品于经常光顾生意的客人。百工之人，也于这天停下手头的活，成群结队来到酒肆哄饮，称之

端午节举办的赛龙舟活动，外国友人也积极参与

白赏节。这种种风情，总称端午景。

端午，历史悠久，节俗活动，内涵深广，大概是上古风俗遗存最多的节日，也是风俗形成最复杂、最丰富的节日。近古以来，五月初五的节俗活动经不断整合，祭祀上主要保留了赛龙舟和投角黍两大仪式。这两大仪式，本是同一仪式中的两个过程。随着农耕文明的进步，不再浪费粮食，而将角黍作为端午的节令食品，虽然也作祭祀供品，但已与赛龙舟无关了。

龙舟竞渡的来历有一说，那就是吴人操练水战。龙舟竞渡，勾践时已成风气；后来祭祀屈原的传说流行，遂成为节俗。据《吴县志》记载，龙舟竞渡旧时在胥门塘河，游船聚集，男女喧哗，场面尤为壮观。清代邵长蘅《冶游》诗有“五月胥江怒，水嬉欢竞渡”之咏。有趣的是，还将鸭子投进河中，舟上之人竞相跳入水中争夺，以为娱乐。清代松陵岂匏子《续苏州竹枝词》就有“无数从人同篾片，赏春放鸭挤船头”之句。

嘉庆、道光时，龙船竞渡还有很多讲究，且内容十分丰富。阊、胥两门，南、北两濠及枫桥西路水滨都有龙船，各占一色。四角枋柱，扬旌拽旗，中舱伏鼓、吹手，两旁划桨的划手有十六人。篙师执长钩立于船头，称之挡头篙。头亭之上，选容貌端好的小孩，依台阁故事装扮，俗称龙头太子。尾高丈许，牵彩绳，令儿童水嬉，有独占鳌头、童子拜观音、指日高升、杨妃春睡诸戏，称之鳹梢。舵为刀式，执之者称挡舵。画舫游客争买土罐掷入河中，观看龙舟中人执戈竞斗，入水相夺，以为娱乐，称之砮罐头。得多者受重赏，名为做胜会。“胜会之时，先有葛袍缨帽之人，鞠躬声喏于前舱，手执五色小旗，插画舫之楣，而后诸龙各认旗色，回朝盘旋，谓之‘打招’。一招，水如溅珠，金鼓之声与水声相激。出龙之前数日，祀神演试，曰‘下水’。上岸送神，谓之‘拔龙头’。当头之人，率皆里巷游手。隔岁先以带叶竹竿竖桥上，为来年出龙认色，其名曰‘钻五’。月朔，互相往来，名曰‘拜客’。”（清代顾禄《清嘉录》卷五）

后来吴门竞渡，盛于山塘，龙舟箫鼓，胜会极盛。游船载妓，争集野芳浜，日费千金，人称“销金窟”。至端阳前后十余日，欢者倾城，万船云集，远郡士女，结伴纷来，鬓影衣香，雾迷七里，百工废业，小户倾家，甚至雷雨天气也不能阻挡。游人买舟贳酒之资，一日不下数十万。龙舟诸游手，先期敛财醵饮，也所费不赀。土人供买耍货、食品，所在成市，苏人称之“划龙船市”。入夜，燃灯万盏，烛星吐丹，波月摇白，尤为壮观，俗称“灯划龙船”。

至民国，端阳竞渡已不复见，但顾玉振依然记得光绪年间他亲眼所见的那次竞渡，热闹的场景令他念念不忘。他在《苏州风俗谈》中写下了当时的情景：乡民集年壮而善驾舟者若干人，将舟饰成龙形，首尾高耸，远望之颇有生龙戏水之概。中间插以旗幡，迎风招展，令人目迷五色。两舷长桨排列，划水迅速，无异风驰电掣。舟数三五不等，竞赛时，锣鼓喧阗，舟子奋勇划水，观者麇集，欢声雷动，舟子以其富有勇敢与猛进的精神，以博最后胜利。这种所向无敌的英雄气概，体现在一向以儒雅温情著称的苏州人身上，更显难能可贵。令人欣慰的是，消失近百年的赛龙舟，最近几年在金鸡湖上重现。

如果说，赛龙舟既是祭祀仪式，又是禳灾仪式，那么端午所特有的种种节物，则都是为了除恶祛毒。范成大《吴郡志》卷二说“重午以角黍、水团、彩索、艾花、画扇相饷”，还有如吃黄鱼，儿童穿虎头鞋、戴虎头帽，家中贴天师符、挂钟馗像，于端午节前裹角黍以相馈赠等。总之，在端午前后甚至整个五月，构筑起一道对付恶和毒的坚固防线，不但能平安地度过夏天这个灾难四起、邪毒纷至的日子，还能保佑日后身体健康，门户吉祥。

# 扫晴娘，驱散乌云见太阳

在诸多祈晴的风俗中，扫晴娘是最为简单易行的。其具体做法有两种：一种用纸剪成一手拿笤帚的妇人，将其悬挂于檐下或粘贴在墙上；还有一种是扎一女子人偶，也得拿着笤帚，将其悬挂于檐下或树上。苏人采取剪纸的方法，北方有的地方则用人偶，不管哪一种，一旦祈晴目的达到，都得将其烧掉。这看来荒诞不经，无奈是人类为了解决生活难题，企图征服自然的虚幻手段。

以扫晴娘祈晴的风俗，南北皆有。扫晴娘又称扫晴妇，河南、山西、陕西、甘肃一带则称为扫天婆、扫天媳妇、扫天娘娘。这一巫术究竟起自何时，已无法确定，但至少金末元初就有相关记载。金人李俊民《庄靖集》卷一有一首《扫晴妇》，小序说："世俗为扫晴妇者，盖假燮理之手，导阴阳之和，使民间免干溢之患也，感其事而赋之。"诗写道："卷袖搴裳手持帚，挂向阴空便摇手。前推后却不辞劳，欲动不动谁掣肘。偶人相对木与土，神女但夸朝复暮。龙公不作本分事，中间多少闲云雨。见说周人忧旱母，宁知东海无冤妇。殷勲更倩封家姨，一时断送龙回首。"按李俊民的说法，扫晴娘不仅能祈晴，也能祈雨，但通常人们还是用来祈晴。

"吴俗，久雨后，闺阁中有剪纸为女形，手持一帚，悬檐下以祈晴，谓之扫晴娘。"（清代赵翼《陔馀丛考》卷三十三）而近人胡朴安在《中华全国风俗志》下编卷三《吴县之扫晴娘》中说，吴县如遇久雨，则用纸剪为女子形状，手执扫帚，名为扫晴娘。用线穿之，挂于廊下或檐下，待天放晴，将扫晴娘焚烧。但要注意的是，纸人必须颠倒挂，即足朝天，头朝地，其意为足朝天可扫去雨滴。

在江南，扫晴娘的风俗一直延续到民国年间，汪曾祺先生在《我的家》里说："想到正堂屋，总会想到下雨，有时候连下几天，真是烦人。雨老不停，我的一个堂姐就会剪一个纸人粘在墙上，这纸人一手拿着簸箕，一手拿笤帚，风一吹，就摇动起来，叫'扫晴娘'。也真奇怪，扫晴娘扫了一天，第二天多少会放晴。"江南每年的黄梅天，若是遇到湿黄梅，那雨下起来简直没完没了，令人心烦意乱。如果远远地望见对面雨窗下，邻家女子正低头剪纸的模糊影像，则为这恼人的雨天平添一份美好和祥和。

至于扫晴娘的来历，可以追溯到远古时代的黄帝女魃，那是传说中的旱神。《诗·大雅·云汉》有记："旱魃为虐，如惔如焚。"毛传："魃，旱神也。"另外《山海经·大荒北经》中对此有所记载，马昌仪的《古本山海经图说》，对这段记载做了比较通俗的解说："黄帝女魃又作女妭、旱魃，是黄帝之女。传说女魃住在系昆山的共工之台上。秃头无发，常穿青色的衣裳。(郝注：《玉篇》引《文字指归》曰：'女妭，秃无发，所居之处，天不雨也。')在蚩尤与黄帝的战争中，黄帝命应龙蓄水，蚩尤请来风伯、雨师，刮起了暴风雨。于是，黄帝搬出他的女儿女魃，止住了暴雨，蚩尤大败，被黄帝所杀。女魃尽管在作战中立了功，但由于她所在的地方，滴雨不至，灾祸连年，民众痛恨。故主持耕种的田祖之神叔均(五谷之神后稷之孙)向黄帝反映了这一情况，

《击鼓祈晴》选自《点石斋画报》

黄帝便下令把她安置在赤水之北，不得乱动。但女魃是个不安分的旱魃，常四处逃逸，她所到之处，百姓只好举行逐旱的活动。在逐魃之前，先疏浚水道，掘通沟渠，然后向她祝祷说：‘神啊，回到赤水以北你的老家去吧！’据说逐魃以后便会喜得甘霖。（郭璞注：‘言逐之必得雨，故见先除水道，今之逐魃是也。’）这种逐魃求雨之俗以及逐魃所用咒语一直沿续至今。”《古本山海经图说》中用了一幅清代汪绂《山海经存》上的女魃插图，画为一天女牵一秃顶的矮人，很难想象，这又秃又矮的人便是后来的扫晴娘。

因而古人就有逐魃之俗，《太平御览》卷八百八十三引《神异经》说：

“南方有人，长二三尺，裸形，而目在顶上，走行如风，名曰魃。所见之国大旱，赤地千里。一名旱母，一名狢，遇者得之，投溷中乃死，旱灾销也。”可见这女魃乃旱虐的罪魁祸首。“逐魃”虽为驱旱，但由此看来，以魃来雨，以晴制雨，以旱敌潦，那是最合适不过的。另外，近人王君纲辑《吴歌丙集》有一首唱道：“天老爷，拜拜倷，覅落雨，明朝替倷敲木鱼。”就是由扫晴娘演变而来，可见在苏州，扫晴娘有时被无所不能且更具权威的“天老爷”取代了。

祈晴止雨，以扫晴娘最为流行，此外民间又有如烧斗笠、剪蓑衣等风俗，还有点石斋人记录的晚清民风百俗“击鼓祈晴”、“止雨新法”等。“止雨新法”说的是江浙两省，以放炮来祈晴，果然天即放晴。“惟据古老传言，道光二十九年，吴大节公抚浙时，亦以久雨兼旬，在吴山顶上燃放大炮，其时杭人传为笑谈，不料后果晴朗。”放炮破坏云层的平衡机制，的确能达到减雨或止雨的目的，具有一定的科学道理。另外，弗雷泽在《金枝》中写道：“1888年4月，广东的清朝官吏们祈求龙王爷停止没完没了的瓢泼大雨，当它竟然对他们的祷告充耳不闻时，他们便将它的塑像锁押起来整整五天。这取得了有益的效果，雨停了，于是龙王爷也恢复了自由。”这种威胁龙王爷的做法，与放炮和击鼓等形式基本相同，都是虚幻的祈晴方式。

扫晴娘虽然只是风俗的一种，却寄托着人们对久雨天晴的期盼。连绵不断的雨终于停了，天上的乌云也渐渐散去，久违的阳光从云端洒下来，照亮了人们的心田，这是多么令人惊喜的事。至于挂于檐下、廊下的那个随风摇摆的纸人，起没起到祁晴的作用，已经不再重要了。它作为一件女红作品，点缀着女子并不丰富的闺阁生活和精神世界，也是一件令人欣喜的事。

# 三伏卖凉冰，酷暑中的一丝清凉

夏至的到来，意味着炎热的开始，《阴阳书》中说，从这天起，第三庚为初伏，第四庚为中伏，立秋后初庚为末伏，称之三伏天。三伏天是整个夏季气温最高、最难熬的日子，南朝何逊诗有“愿以三伏天，催促九秋换”之句。

南宋周遵道《豹隐纪谈》称，“石湖居士戏用乡语，云土俗以夏至后九日为炎燠之候，相传有‘夏至未来莫道热’之谚”。元代陆泳《吴下田家志》也说：“一九至二九，扇子弗离手。三九二十七，冰水甜如蜜。四九三十六，拭汗如出浴。五九四十五，树头秋叶舞。六九五十四，乘凉弗入寺。七九六十三，床头寻被单。八九七十二，思量盖夹被。九九八十一，家家打炭墼。”另据《汉书·郊祀志》记载，六月伏日，周代还无此说，至汉代才有。所谓伏，即“阴气将起，迫于残阳而未得升，故为藏伏，因名伏日”。

旧时苏州三伏天里，常见乐善好施之人，于门前普送药饵，广结茶缘。街坊叫卖的皆爽口之物，如凉粉、鲜果、瓜、藕、芥辣索粉等。什物则有蕉扇、苎巾、麻布、蒲鞋、草席、竹席、竹夫人、藤枕之类，沿门担供不绝。浴堂也暂停灶火。茶坊以金银花、菊花点汤，叫双花。面店添卖半汤大面，日未午已散市。早晚卖的则有臊子面，即以猪肉切成小方块为浇头，又叫卤子肉面，配以黄鳝丝，俗称鳝鸳鸯。清代沈钦道有《吴门杂

《乘风凉》 李涵绘

苏州人称纳凉为乘风凉。伏天大热，无可消遣，游闲弟子携画舫，载酒肴，招佳丽，舣棹胥江、山塘咏》："流苏斗帐不通光，绣枕牙筒放息香。红日半窗刚睡起，阿娘浇得鳝鸳鸯。"而聪明勤劳的土人用自己的一双巧手，剪纸为六、八角灯，以及画舫、宝塔、舟车、伞扇诸式，或将咸鸭蛋掏空，彩画成鱼，放入萤火虫，称之萤火虫灯，供小儿嬉玩。这些小玩意儿，为旧时酷热难耐的夏天增添了许多乐趣。

吴地湿热，炎炎伏日，酷热如焚，实在难熬，在没有电风扇、空调的年代，须借凉冰以消暑解热。这不，葑门外建起了二十四座冰窖，按一年二十四节气来分。每当严冬，戽水蓄于荡田，待冰坚固，贮藏窖内，盛夏取出，街坊担卖，称之卖凉冰。或杂以杨梅、桃李等，称之冰水果。有钱人家则买来巨冰，琢叠成山，放于室内，置身其间，凉生四座，顿时暑毒全消。清代袁学澜《续咏姑苏竹枝词》写道："葑门冰荫玉玲珑，买供豪家水阁中。委巷贫居湫隘甚，玄都观里纳凉风。"

当然，冰窖的用处远不止这些，其主要目的是为了护鲜。袁学澜又有《姑苏竹枝词》咏道："秧针刺水绿参差，正是冰鲜出市时。万里长风催舶趠，官衙五月进头鲥。"并自注："葑门外冰窨，冬月藏冰，夏取以护鲜鱼，名冰鲜。梅雨乍过，有长风随海舶来，旬日不歇，名舶趠风。"葑门外有海鲜市场，且规模很大。梅雨乍过，鲥鱼新出，第一批鲥鱼必定献给抚军以邀赏，称之头鲥。能吃上头鲥的非官即富，清代瓶园子《苏州竹枝词》就说："冰鲜海上未沾牙，飞棹吴门卖酒家。一戥黄金尝一尾，人夸先吃算奢华。"

从太仓运载而来的"品贵者"，除了鲥鱼还有黄鱼。黄鱼因脑中有骨如白石，故名石首鱼。石首鱼上市，正值楝树花开，苏人在端午节这天必买黄鱼，袁学澜有"比户符悬五毒虫，黄鱼船集葑门东"之句。此时天已微热，虽说沿海地区宋时已经用冰来护鲜了，但运至苏城，冰已融化，石首鱼多肉败气臭，故又有"忍臭吃石首"之讥。苏人以石首鱼为时令珍品，最早可追溯至宋代，南宋范成大《吴郡志》卷二十九记道："今惟海中，其味绝珍，大略如巨蟹之螯，为江海鱼中之冠。夏初则至，吴人甚珍之。以楝花时为候，谚曰：‘楝子花开石首来，笥中被絮舞三台。’言典卖冬具以买鱼也。”

关于冰窖，还有一则有趣的故事。话说清初，苏州有个地方官到葑门外视察，见一个个冰窖不知何物，便问身边的随从。当听到是用来藏“兵”的“兵”窖，他立刻警觉起来，心想：这么多兵窖可以藏不少兵力与武器，清政府刚刚站稳脚跟，这“兵窖”不除岂不是后患无穷？于是下令：“拆！”可怜的冰窖，就因“兵”与“冰”同音，被拆得不明不白。不知是那位地方官及时弄明白了“兵窖”原是“冰窖”，下令停拆了，还是后来又重新建造的，总之庆幸的是，葑门外的冰窖还有几座幸存下来。

至于不为人所知的制冰情景，清代苏州人尤倬有《冰窨歌》写道：“我闻古之凌阴备祭祀，今何为者惟谋利。君不见葑溪门外二十四，年年特为海鲜置。潭深如井屋高山，潴水四面环冰田。孟冬寒至水生骨，一片玻璃照澄月。窨户重裘气扬扬，指挥打冰众如狂。穷人爱钱不惜命，赤脚踏冰寒割胫。捶舂撞击声殷空，势欲敲碎凭夷宫。冰砰倏惊倒崖谷，淙琤旋疑响琼玉。千筐万筥纷周遭，须臾推作冰山高。堆成冰山心始快，来岁鲜多十倍卖。海鲜不发可奈何，街头六月凉冰多。”可见窨户赚钱不累，而穷人为了养家糊口，寒冬腊月也得赤脚踏在冰块上做苦力，真让人不寒而栗。

有了冰窖，自然能吃到新鲜味美的海鲜，又能吃到透心凉的冰水果。清代沈朝初《忆江南》咏道：“苏州好，夏月食冰鲜。石首带黄荷叶裹，鲥鱼似雪柳条穿。到处接鲜船。”或许正因有了葑门外的海鲜交易市场，才有了那二十四座冰窖，从而苏人能惬意地度过一个又一个闷热难耐的三伏天。当然，这其中并不包括吃了上顿愁下顿的穷人家。

《佛寺晒经》 选自《点石斋画报》

# 六月六，狗溷浴，翻经晒书虫不蛀

农历六月初六，寺中有晾经会，僧众礼佛诵经，将藏经取出，平铺于殿前条案上，用经拨子支起晾晒，以防蛀蠹。袈裟僧衣也搭挂于广庭中，一并晾晒。故而那天寺中骈阗竟日，山门内外，有舍经书、善书的，有舍冰水、暑药的，有卖香烛的，有卖吃食的，异常热闹。以上虽然是清末点石斋人记的京师善果寺旧闻，但晒经会的大致情形各地寺院基本相似。

据说苏州晒经会仅限男子，女施主概不接待。清代袁学澜《吴郡岁华纪丽》卷六称，是日，“至佛宇禅宫，亦出贝叶经，集村妪为翻经会，令跪烈日中，翻经曝之，云翻经十次，可转男身，借以敛钱，实诞慢不足信也。昔陈榕门中丞抚吴时，曾有条约禁之”。陈榕门即陈弘谋，所禁之由当不在敛钱，恐怕在村妪：一是禁止女性入寺，以保持佛门清静；二是这种翻经形式极不仁道，与佛家慈悲为怀的宗旨相违背。光绪年间经庚子之乱，许多寺院遭受严重破坏，经卷等几被掠夺殆尽，藏经楼空空如也，但晾经会还是一年一度地照样举行，只是已无经可晒，聊循旧俗而已。

清代钱思元《吴门补乘》说“六月六日”曝书画。东汉崔寔《四民月令》则称“七月七日”曝经书及衣裳，虽然时间不同，而达到“不蠹”的目的是相同的。普通人家，尤其是文人家中多藏书，届时曝书籍、图画于庭中——过去的线装书极易受潮霉变，经过黄梅天之后，晒书是很有必要的。清代潘奕隽有《六月六日晒书》诗："三伏乘朝爽，闲庭散旧编。如游千载上，与结半生缘。读喜年非耋，题惊岁又迁。呼儿勤检点，家世只青毡。"旧时平房居多，黄梅天家里的书籍、衣物都黏黏糊糊的，乘着三伏天里干燥的天气，放到大太阳下曝晒一番，一年不会蛀蠹。不过古人也会做些预防工作，如于梅雨中焚苍术以除湿气，又在书房中焚芸香以遏书籍之蠹虫。

当然，平民百姓与富豪人家曝晒的东西是有着天壤之别的："老儒破书、贫女敝缊，反覆勤日光。豪家富族，曝衣则登楼，绮绣毕陈，云霞光灿，香飘彩桁，隔院传风，裘落毳毛，洒空霏雪；曝书则分篋，缥缃并列，古色斓斑，麻纸唐文，蹬池金玉，刻丝宋画，楼阁仙山。"袁学澜在《吴郡岁华纪丽》卷六中如是说。其又有《六月六日曝书》诗："三伏乘朝散简编，闲庭检点旧书氈。开厨莫遣神通画，食字休教蠹作仙。史册自当昭白日，圣贤真不愧青天。风床展阅前题卷，温故频惊岁月迁。"民间如此，宫中也不例外，明代沈德符《野获编》就说："六月六日，内府皇史宬曝列圣实录、御制文集诸大函，为每岁故事。"想来，宫中曝书场面一定蔚为大观。

六月初六，民间又有牵猫犬到河中洗浴的习俗，据说可以洗去虱的幼卵，从而防虱蛀。有谚道："六月六，狗㴔浴。"清代吴人郭麐《浴猫犬词》写得颇为幽默："六月六，家家猫犬水中浴。不知此语从何来，展转流传竟成俗。流传不实为丹青，孰知物始睹厥形。孰居庄严成坏住，劫前八万四千横竖飞走一一知其名。而况白老乌龙不同族，何以降日为同生。一笑姑置之，听我为媒词。司马高才号犬子，拓跋英雄称佛狸。乌员锦带纷绮丽，韩卢宋鹊尤魁奇。世上纷纷每生者，李义府与景升儿。金钱犀果洗若属，但有痴骨无妍皮。猫乎犬乎好自爱，洞里云中久相待。伐毛洗髓三千年，会见爬沙登上界。"

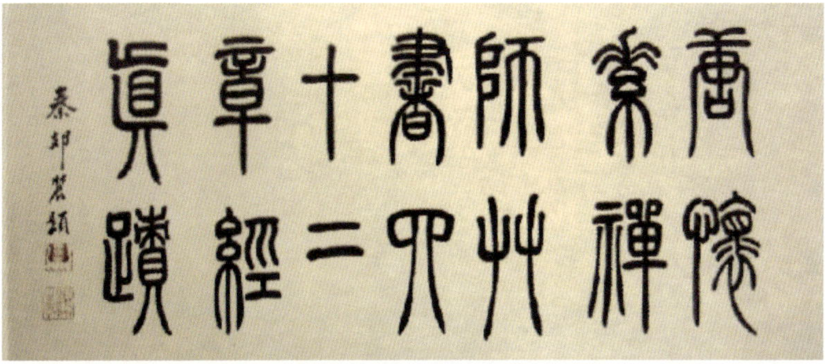

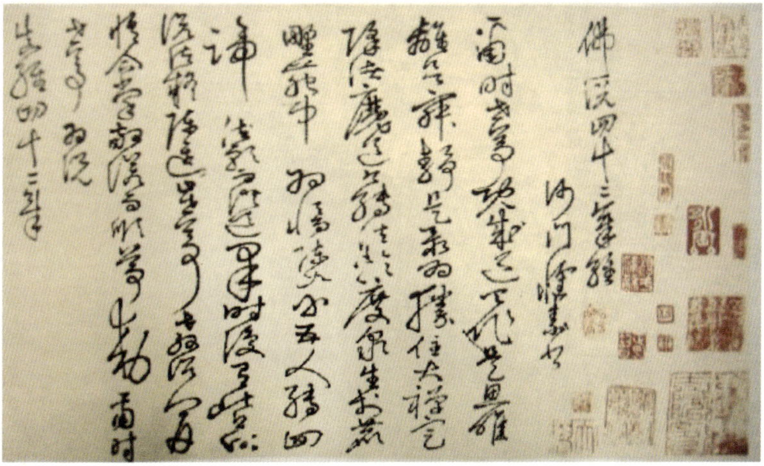

《唐怀素禅师草书四十二章经真迹》手卷局部

吴郡和他邑都有六月初六浴猫犬的说法，那么此俗究竟从何而来，这个问题似乎谁都说不清楚。沈德符《野获编》说：“六月六日，本非令节，猫犬之属，俾浴于河。”他还说，妇女多于这天洗发，据说沐之则无腻垢。明代田汝成《西湖游览志》说：“郡人于六月六日舁猫狗浴于河，致有汩没淤泥、踉跄就弊者，其义不可晓。”有些习俗的形成，就是这样看似毫无道理，然而约定即俗成。

有人还拿这六月六来开友人的玩笑，明代蒋一葵《尧山堂外纪》载：“明毛栗庵埕往谒杨南峰，适浴，阍人以告，不获见。后南峰答拜，栗庵

《晒书翻经》李涵绘
六月初六，曝书籍图画于庭，以辟蠹去霉蒸。寺院则有翻经会，将藏经取出，用经拨子支起晾晒

亦以浴辞。南峰即题所投刺曰：‘君来拜我我沐浴，我来拜君君沐浴。君拜我时四月八，我拜君时六月六。’谓俗有‘六月六猫犬浴’之谣也。”据《宋史》记载，是日为天贶节，吴江则于这天吃馄饨，想必是沿《荆楚岁时记》六月伏日食汤饼，以辟恶之意吧。

如今在江南，也不仅限于六月初六那天，三伏天里每一天都可以晒书、晒衣物、浴猫狗。一向以爱干净著称的苏州主妇，恨不得每天都将家里的所有物件，统统搬到大太阳底下曝晒呢。

# 火神诞要吃火神素，只因天热宜清淡

农历六月正值三伏烈日火蒸之时，易感痧暑，食宜清淡，凡腥臊肥腻食品，皆暂停不吃。故而吴俗农历整个六月，男女多清斋素食，到农历七月方始恢复吃荤，称之全月素。喜欢吃荤的人，至少也要过了农历六月二十三火神生日，至二十四吃荤为宜。

其食斋之期，有种种名目，从农历六月初一至二十三火神诞这天，称为火神素；至二十四雷尊诞这天，称为雷斋；或有闻雷茹素者，虽非斋期，一闻雷声即素食，称为接雷素。苏人凡奉雷斋者十有八九，为此屠门罢市。据传农历六月二十四又为二郎神诞，城中玄妙观、阊门外四图观各有神像供奉，这天信徒们都素斋进香，蜡炬如山，香烟雾喷，殿前宇下，人头攒动，不可胜计。清代蔡云《吴歈百绝》咏道："香进雷尊匝月斋，老郎监醮仗新排。美人曾现氍毹相，看杀梨园子弟佳。"又有为首者，集众为醮会，伶人抬老郎神像入观，主管斋醮诸事的道观执事者、仪仗队、仪卫随从，皆为梨园子弟扮演。道士吟咏道教经书，拜表焚疏，严肃整齐，不敢触犯天神。

《景霄琅书》所载五雷大法，有高上碧霄九天应元雷声普化天尊，即俗称雷尊。农历六月二十五为雷部辛天君诞，称为辛斋。凡奉辛斋者，每月逢辛日及初六，都应素食，俗称"三辛一板六"。凡嗜斋之先，亲友

火德真君

必馈荤食肴馔，称之封斋。待斋期完毕，仍复烹宰治肴馔开宴，叫开斋。如此一来，反而多戮物命，殊为暴殄之陋习。为此清代袁学澜有《持斋戒杀论》，文中重申“圣人不能禁天下之杀，而欲禁天下无故之杀”。他想出了一个“戒杀”行之有效的办法——莫若持斋为善：“大凡习俗不可以骤更，一日之中所杀不知凡几，一方之中，所杀何啻万亿，一旦遽欲禁之，其势有所不能。于是去其太甚，而设为持斋以禁节之。或以日计，或以月计，或以岁计，多寡悉任其自裁，而无遽禁之难。推而一家，推而一国，推而天下，信徒悉由乎自致，则无强止之苦。”

俗以断鱼肉为斋，本为梁武帝奉佛，戒不食鱼肉之说。然而南宋罗愿《尔雅翼》却说，西方以大蒜、小蒜、兴渠、慈葱、茖葱为五荤。后来《朱子注》载斋必恋食，有不饮酒、不茹荤之文，遂以鱼肉为荤而戒之。《庄子》说：“颜渊曰：‘回之家贫，不茹荤，不饮酒，数月矣，可以为斋乎？’孔子曰：‘是祭祀之斋，非心斋也。’”

关于火神，历史上有多位，如西汉刘安《淮南子·汜论》中说的炎帝；东晋干宝《搜神记》中说的炳灵公，即东岳三郎等。后来所奉火神为祝融，名重黎，颛顼高阳氏之后，为帝喾高辛氏火正。因重黎有功于民，故帝喾赐名祝融，光融天下的意思。重黎在共工氏作乱时，由于没能将其镇压而被帝喾诛杀。之后，重黎的弟弟吴回接任火正之职，也称祝融。

由于火更贴近人们的日常生活，于是神话中司火的火神，在诸神中脱颖而出，成为民间崇拜的最重要的一尊神。全国各地无论城市或乡村，到处都有火神庙或火神殿，每年火神诞，庙里庙外，殿上殿下，张灯结彩，锣鼓喧天，各处善男信女齐聚于此，不管贫穷富贵，都杀猪宰羊，虔诚供奉，祭祀十分隆重。苏州也有过多座火神庙，所奉火神多为祝融，每年农历六月二十三火神生日这天，人们带上香烛祭品纷纷前往火神庙、火神殿，香火盛极一时。

据史料记载，苏州较著名的火神庙和火神殿，吴县境内北元三图清嘉坊东有一座，为明万历间里人申时行建。清康熙五十二年（1713），织造李煦重修；乾隆七年（1742），知府觉罗雅尔哈善拓地增建；咸丰十年（1860），毁；同治六年（1867），重建。另一在泰伯庙桥，始建无考，清咸丰十年毁，同治十年（1871）重修。另外光福虎山上东岳庙内也有火神殿，不知始建于何时，赵孟頫曾题额“天齐仁智帝殿”。宋建中靖国元年（1101），里人黄正彦、顾凤修建；明万历四年（1576），毁废；清康熙十年（1671），绅士彭珑、顾起鸿、黄修、顾贽等募建，殿宇四十余间，右侧火神殿、斗姥阁、祖师殿，与左侧玄帝殿、城隍殿、韦驮殿，两相对应。

长洲县境内浒墅镇崇福桥南一座，为榷使祀事之所。明万历二十八年（1600），榷使陈宁建造（南京吏部尚书杨成有记）。清乾隆五十六年（1791），榷使徵瑞修（自为记）；道光七年（1827），榷使文祥重修。元和县境内仓街郦姬巷一座，为县春秋祀事之所。道光二十五年（1845），建；光绪元年（1875），淞南营重建。还有玄妙观内的火神殿，设在主殿三清殿的东侧，道光八年（1828）仲冬月建，沈传桂有《新建火神殿记略》，记录了当时新建的经过。

如今，火神及火神庙已离我们远去，而素斋也不仅仅局限于农历六月。随着生活水平不断提高，现代都市人因过量摄入荤腥而产生各种疾病的问题日益突显，且越来越低龄化。为此，健康的素食，愈来愈受人们的青睐，特别是炎热且生机旺盛的夏季，素食清淡美味又养生。这种饮食方式，无论是对人类的身体健康，还是对野生动物和生态环境的保护，都是有百益而无一害的。

上图：清末苏州玄妙观东路由火神殿等组成，西路由雷祖殿等组成
下图：位于苏州天库前十六号的火神庙，即明离道院遗址

# 六月廿四，雨中赏荷花别有风情

农历六月二十四相传为荷花生日，旧时有赏荷习俗。最著名的赏荷胜地，近处有葑门外的荷花荡，远处有西山的消夏湾等。

苏州城外东南一带，地势低洼，多湖荡，多沼泽，无法栽种水稻，当地农人就因地制宜，在星罗棋布的水面上培植水生作物，如莲藕、茭白、慈姑、菱芰、芡实、荸荠、水芹、莼菜，称之为“水八仙”。就莲藕来说，莲乃荷之实，藕乃荷之根，莲实、藕段、荷叶既是很好的吃食，又可以入药。乾隆时的《元和县志》卷十六就称：“荷有红、白、黄、碧、锦边、并头、西番、罗汉、观音诸种，葑门外最甚。”每当花时，水上云锦烂漫，清香远溢，这一道绚丽的景观，于风雅之士看来，赏荷自然更在口腹之上。

每年荷花生日，葑门外的荷花荡画船箫鼓，竞相聚集于此，观荷纳凉，“其男女之杂，灿烂之景，不可名状。大约露帏则千花竞笑，举袂则乱云出峡，挥扇则星流月映，闻歌则雷辊涛趋”（明代袁宏道《袁中郎全集》卷八）。袁宏道感叹之余写下这样四句诗：“苏人三件大奇事，六月荷花二十四。中秋无月虎丘山，重阳有雨治平寺。”由于农历六月乃三时之际，必有时雨，而六月二十四那天又恰巧传为雷公生日，黄昏时常常遭遇阵雨袭击，苏人称之“雷公暴”。观荷之人往往流连至傍晚方才尽兴散去，为了不湿鞋袜，人人拎着鞋子，赤脚而归，故俗有“赤脚荷花荡”

《游湖赏荷图》清·陈枚绘

之谚——弄得泥泞赤脚，落荡鸡似的一副狼狈相，还兴高采烈的。这反映了苏人对“玩”的一种狂热态度。

六月二十四的荷花荡赏荷风俗，起于何时，今已无可稽考，但形成盛观当不晚于明代前期，且大概是文人开的先河。明代黄省曾在《吴风录》里有相关记录，并有《荷花荡》诗：“竞楫都人集，喧游国事传。探芳怜胜日，携客讨湖天。玉笛吹新柳，红妆夺始莲。开襟观未极，沽酒不论钱。”可见荷花荡风俗活动已十分繁盛了。自此以后，六月二十四荷花荡赏荷，不但年复一年愈见繁盛，而且成了文人岁时诗料，诗作多至不可胜举。

江盈科作为明万历长洲县知县，自然不会错过自己管辖地的盛会，《雪涛阁集》就存纪游多篇，如《同张幼于诸君游荷花荡》，一组共九首，将那天荷花荡的诸般景象，做了生动全面的描绘。其中三首咏道：“十里葑门水拍堤，媚人鸂鶒与凫鹥。移舟载酒携朋侣，侵早看莲到日西。”“荡里人家尽种莲，参差红绿远连天。年常六月二十四，士女倾城狎荡前。”“弦管笙歌若沸汤，画舫男女似蜂房。莲花欲共游人语，荷气相兼杂佩香。”

二十几年后的天启二年（1622），张岱偶至苏州，作六月二十四荷花荡之游，并写下《葑门荷宕》。那天张岱移舟往观，见士女倾城而出，毕集于葑门外的“荷花宕（荡）”。大大小小的船只被雇觅一空，钱再多也无船可租，张岱一行只能在岸上干着急，无奈之余，观赏起荷花荡里的种种景象。见荡中以大船为经，小船为纬，游冶子弟，轻舟鼓吹，往来如梭。舟中丽人皆倩妆淡服，摩肩簇舄，汗透重衫。舟楫之胜以挤，鼓吹之胜以集，男女之胜以溷，盛夏酷暑，如此闹腾一天。荷花荡一年到头荒无人迹，就单单这天，士女以鞋靸不至而为耻。这种种现象，令张岱难以理解，大呼看不懂。

入清以后，六月二十四的荷花荡赏荷风俗，依然可以用火

今天，人们仍喜欢赏荷纪游。在苏州，每当荷花盛开，游人们便相约而来，用镜头、文字记录赏荷之乐

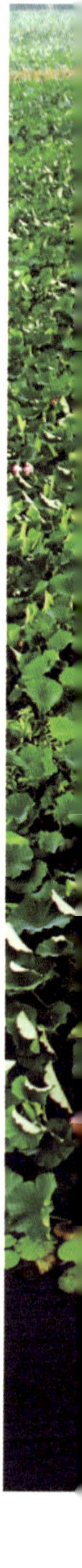

《赏荷花》 李涵绘

农历六月廿四为荷花生日，画船箫鼓，士女倾城而出，毕集葑门外荷花荡，以观荷纳凉爆来形容。那句“赤脚荷花荡”的俗谚，则至迟乾隆年间开始流传。清代蔡云《吴歈百绝》咏道：“荷花荡里龙船来，船多不见荷花开。杀风景是大雷雨，博得游人赤脚回。”并有自注：“六月廿四游人集荷花荡，亦有龙船胜会。是日雷公暴，每大雷雨，入俗有‘赤脚荷花荡’之说。”嘉庆之后，这一风俗便渐渐消歇了。道光初，游客皆舣舟至虎丘山塘，以应观荷节气；或有观龙舟于荷花荡，小艇野航，依然毕集。至道光末，“余谓今数十年来，翠盖红衣，犹然如昔，而烟波浩渺，画鹢稀逢，剩有野艇渔舠，相为争集，无复向时之盛观矣”——这是清代袁学澜在《吴郡岁华纪丽》卷六中的记录。他感慨世事之无常、风俗之转移，并作《荷诞日葑门荷花荡观荷》。

观花佳处，还有远郊深入西山八九里的洞庭西山消夏湾。消夏湾仅三里，为荷花最深处，三面峰环，一门水汇，相传为吴王避暑的地方，夏末舒华，灿若锦绣，游人放棹纳凉，花香云影，皓月澄波，往往留梦湾中，越宿而归。南宋范成大有《销夏湾》咏道：“蓼矶枫渚故离宫，一曲清涟九里风。纵有暑光无著处，青山环水水浮空。”那里的荷花有红、白、黄多种。洞庭东、西山人善植荷，夏末秋初，一望数十里不绝，为水乡胜景。清代沈朝初《忆江南》咏道：“苏州好，消夏五湖湾。荷静水光临晓镜，雨馀山翠湿烟鬟。七十二峰间。”

经历太平军战火洗礼后，荷花荡的万柄荷花犹在，可惜赏荷风俗已不存了。如今葑门外的荷花荡已然成为都市一角，其赏荷盛况更是宛如一个逝去的旧梦，已渐行渐远。好在城里各大古典园林内的荷塘和城外的数个湿地公园，以及环太湖水域，随处可见荷花婆娑的仙姿。有条件的人家，凿池引水植荷；普通居民，于室里养上一缸，或于案头供一碗莲。总之，不必像过去那样，冒着酷暑船接船、人挤人，挥汗如雨地奔赴清凉世界，不过也少了些许人与人、人与自然亲密接触的那种原始况味了。

叁

# 护秋

——天上人间月共曲

不知从何时开始，中秋虎丘形成规模空前的曲会，甚至成为这一节俗活动的主要内容。当明月浮空，一轮又一轮的唱曲比赛开始了。比至夜深，月影横斜，荇藻凌乱，则箫板也不复用，一夫登场，四座屏息，音若细发，呼彻云际，每度一字，几尽一刻，飞鸟为之徘徊，壮士听而下泪。此情此景，就如清代邵长蘅《冶游》诗所说："中秋千人石，听歌细如发。"

中秋全景属潜夫，棹入空明看太湖；
身外水天银一色，城中有此月明无？
新筑场泥镜面平，家家打稻趁霜晴；
笑歌声里轻雷动，一夜连枷响到明。
租船满载候开仓，粒粒如珠白似霜；
不惜两钟输一斛，尚赢糠核饱儿郎。
菽粟瓶罂贮满家，天教将醉作生涯；
不知新滴堪篘未，今岁重阳有菊花。
细捣枨虀买鲙鱼，西风吹上四腮鲈；
雪松酥腻千丝缕，除却松江到处无。
新霜彻晓报秋深，染尽青林作缬林；
惟有橘园风景异，碧丛丛里万黄金。

——南宋·范成大

# 秋日田园杂兴十二绝

杞菊垂珠滴露红，雨蛩相应语莎丛；
虫丝罥尽黄葵叶，寂历高花侧晚风。
朱门巧夕沸欢声，田舍黄昏静掩扃；
男解牵牛女能织，不须徼福渡河星。
橘蠹如蚕入化机，枝间垂茧似蓑衣；
忽然蜕作多花蝶，翅粉才干便学飞。
静看檐蛛结网低，无端妨碍小虫飞；
蜻蜓倒挂蜂儿窘，催唤山童为解围。
垂成穑事苦艰难，忌雨嫌风更怯寒；
笺诉天公休掠剩，半偿私债半输官。
秋来只怕雨垂垂，甲子无云万事宜；
获稻毕工随晒谷，直须晴到入仓时。

# 七夕乞巧，谁不想心灵手巧

农历七月初七，古人称之七夕，也称乞巧节、女节、少女节等。这是全民关注的岁时节令，几乎令所有的诗人词客都为之唱咏，因为七夕流传着一则牛郎织女的动人故事。

牛郎织女的故事起源较早，《诗·小雅·大东》就有“跂彼织女，终日七襄”之咏。牛郎织女的故事，最初源自上古农业社会原始信仰中的星辰崇拜，是星宿的神化与人格化的结果，自然就有庙祠祭拜之事。南宋范成大《吴郡志》卷十三记道：“黄姑庙，在昆山县东二（三）十六里，地名黄姑。父老相传，尝有牵牛织女星精降焉。女以金篦划河，河水通溢，今村西有百沸河。乡人异之，为立祠。旧列牛、女二像，后人去牵牛，独祠织女，祷祈有应。岁七夕，乡人醵集庙下占事，无毫厘差。旧有庙记，今亡之。”《荆楚岁时记》中牵牛称河鼓，后人讹为黄姑。然而《古乐府》却说“黄姑织女时相见”，李太白诗有“黄姑与织女，相去不盈尺”，则牵牛为黄姑；李后主诗中又以织女为黄姑，故事似乎愈传愈离奇。至于“后人去牵牛”，南宋龚明之《吴中纪闻》卷四有“黄姑织女”条补充道：“祠中旧列二像，建炎兵火时，士大夫多避地东冈，有范姓者经从祠下，题于壁间云：‘商飚初至月埋轮，乌鹊桥边绰约身。闻道佳期惟一夕，因何朝暮对斯人？’乡人遂去牵牛像，今独织女存焉。”那黄姑庙所在，

《牛郎织女·天河配》清代年画

南宋时尚属昆山，至明弘治间析置太仓州，始划归太仓。

男耕女织是中国古代农家和谐生产的主要形式，因为男耕需要力气，女织则需要巧劲。所以七夕除了牛女相逢，象征爱情之外，也是凡间女子向仙女“乞巧”的日子。七夕之夜，普通人家，陈香烛于庭或露台之上；贵族之家，往往结彩楼于庭院，称乞巧楼。供以花果，礼拜双星以乞巧，称乞巧会。清代沈朝初《忆江南》咏道：“苏州好，乞巧望双星。果切云盘堆玉缕，针抛金井汲银瓶。新月挂疏棂。”作为女性的节日，清代吴中女诗人汪畹玉的《七夕兰韵堂雅集和韵》，细腻地反映了与闺中好友共度乞巧会的复杂心情：“良友真如胶漆投，相逢不叹路何修。频年乞巧应题壁，今夕穿针懒上楼。十姊妹花刚按月，一梧桐叶已先秋。同心遮莫伤迟暮，耿耿银河西北流。”

乞巧会上，以青竹戴绿荷系于庭中，作承露盘，待到明日看盘中是否有蜘蛛结网，有则说明已得巧。若见天河中耿耿白气，或光耀五色，据说这是双星渡河的预兆，此刻拜祭即可得福。清代蔡云《吴歈百绝》咏道：“几多女伴拜前庭，艳说银河驾鹊翎。巧果堆盘卿负腹，年年乞巧靳双星。”诗中所说巧果，俗称“苎结”，为应时品，七夕前市上有卖。想要知道自己巧或拙，“弄影之戏”可以检验。即于“七日前夕，以杯盛鸳鸯水，掬和露中庭，天明日出晒之”，等到水膜生面，各拈纤针，投之使浮，视水底针影，有成云物、花头、鸟兽形状的，有成鞋及剪刀、水茄形状的，说明已得巧；其影粗如槌，直如轴，则为拙征。清代吴曼云《江乡节物词》就说：“穿线年年约比邻，更将馀巧试针神。谁家独见龙梭影，绣出鸳鸯不度人。”

自清道光年间在艺圃设七襄公所之后，七夕晚上苏州的绣娘都前往祭祀织女，她们希望从织女那儿乞得智慧和巧艺。祭时，人们拼合几张大方桌，供上时花鲜果、古玩之类。织女并没有塑像，只挂一画轴，画中织女于云路之中，衣袂飘扬。除此，七夕这天，常有文人墨客在此雅集，或邀集几位曲友，在那里开曲会，近人费树蔚就有《补纪今年七月七日艺圃雅集》诗。

爱美的女子还会在七夕染指甲，通常只染无名指和小指，称红指甲。据《事物考》记载，杨妃生而手足甲爪皆红，宫中女子纷纷仿效。聪明的吴中女子想出了一个令自己美若贵妃的染甲方法，即取红色凤仙花加少许明矾捣碎，或取蝉蜕和凤仙花捣烂，洗净指甲，以此敷指甲之上，用片帛缠定过夜。初染色淡，连染三五次，指甲红若胭脂，妩媚可爱。试想，红红的兰花指翘起，绣起花或弹起琴来似彩蝶于花间翩翩起舞，实在是妙不可言。元代杨维祯有《咏红指甲》诗："金凤花开绛色艳，佳人染得指尖丹。弹筝乱落桃花片，把酒轻浮玳瑁斑。拂镜火星流夜月，画眉红雨过春山。有时倦托香腮想，疑是胭脂点玉颜。"据说若将红指甲留护至明春，老年人看了目不昏花。

七夕的风俗，除上述的乞巧会、吃巧果、染指甲外，还有求子的活动。旧时苏州每逢七夕出售一种泥孩儿，叫摩侯罗（语源梵语，有多种异译），也叫巧儿，被视作宜男之物，妇女多于七夕购买。泥孩儿是一种加服饰的孩儿形泥偶，除用泥抟的以外，还有用木、牙、玉、蜡等材料制成的。另有一种饰以金珠，极其精巧，价格也贵。北宋时，各地都产泥孩儿，尤以苏州的泥孩儿更为精致讲究，因此远销京师，甚至入贡内廷。南宋时，苏州吴县木渎出了个名家袁遇昌，他塑的泥孩儿十分著名。泥孩儿的形象，有一种较为常见，即作执荷叶状，七夕那天，儿童们都模仿泥孩儿的样子，手执荷叶，三五成群，奔走于街巷之间。

以泥孩儿作祈求子嗣的寄托，随着风俗的演变，也并不局限于七夕了。毕竟生存和繁衍是人类和其他一切生物最基本的群体意识，也是作为人类群体文化现象的民间风俗和民间艺术的基本内涵。

# 七月半，盂兰盆会

农历七月十五是中元节，俗称鬼节，各寺设盂兰盆会，以祀亡魂；官府祭祀厉坛，苏人齐聚山塘，看无祀会。苏州周边的甪直张桥灯、塔灯，作盂兰盆会以祭先；张家港吃茄饼，上元、冬至、年节并同，举盂兰盆会于城隍、岳庙；太仓素食荐馄饨祀先等。

盂兰盆会，是中元节的重要节目。盂兰盆，出自梵语，意为救倒悬。《盂兰盆经》演说目连救母故事，说七月十五置百味五果，供养三宝，以解救亡母倒悬之苦。南朝梁以后，中元节成为超度先人的节日，是日结盂兰盆会，诵经施食。后人误将盂兰盆作为贮食之器，《东京梦华录》卷八说，以竹竿斫三脚，高三五尺，上织灯窝形状，称盂兰盆；挂搭衣服、冥钱于上，焚之。这种落实到具体器物的盂兰盆，乃中国风俗的创造。

自古以来，苏州中元节盂兰盆会之风极盛，晚清时犹存。《苏州旧闻·晚清社会新闻图录》中《盂兰志盛》，真实反映了当时盂兰盆会的盛况："本年七月下旬，苏城大兴盂兰盆会，传者谓：除寻常之清道、金鼓、牌伞、执事外，又有纸扎种种鬼神，穷形尽相，不可描摹。议者谓：民穷财尽，至今日而极，正宜爱惜物力，留有馀以苏积困，讵可以有用之金掷无益之地旨哉。言乎惟是，苏省素称繁庶，近十年中花钱之举，事事垂属禁，而小民谋生之路日形其穷蹙，富者屯膏，贫者近以仰屋耳。银钱以流通为用，弊苟去其太甚，其无大伤于民者，即偶尔点缀升平，何必非与民同乐也。矧傩近于戏，此风由来者旧乎。”

晚清又一则旧闻，记的是苏州府署差役举赛盂兰盆会，场面则更为浩荡。前面有骑马而行者四十人，都歪戴着红丝帽，身穿葛布袍；继后有俊俏的少年儿童十余人，装作达官模样；其次有背插黑旗，骑马者数十人；其后是一切纸扎之件，或以两人抬之，或以一人擎之，有的像“尖刀山”，有的像“奈何桥”，还有如烟鬼、赌鬼、色鬼、酒鬼及士农工商之类、医卜星相之流，鬼形鬼状，惟妙惟肖；紧随其后的有装扮成鬼的数十人，他们或以黄金糊其目，或以白银钳其口，或以臭墨塞其胸，或以裙带系其足，或于发辫后结一龟壳，或于腰带下佩一赌具，更有伛偻屈膝而柔若无骨的，或涂脂抹粉扮得像女人的，但看其身形，都像是职官身份；最后是观音大士及青面獠牙的鬼王。

这是一场发生在光绪十六年（1890）六月二十七，在苏州举行的盂兰盆赛会，既应风俗，又是一次由官府牵头、百姓参与的规模隆重、气氛热闹的活动。

但在这热闹的活动过程中，也有好事之徒，乘机敛钱纠会，集僧众，设坛礼忏诵经，摄孤判斛，施放焰口。纸糊的驱除疫鬼的神灵高丈余，纸镪累数百万，香亭幡盖，击鼓鸣锣，杂以盂兰盆冥器之属，于街头城隅焚化。或剪红纸灯，莲花状，焚于郊原水次，名水旱灯，说是能照幽冥之苦。清代顾禄《清嘉录》卷七引徐倬《盂兰盆会歌》，对这样的现象做了点评，写道：“城头鼓角吹遥空，沉沉月色来阴风。阴风淅沥纸钱飞，金山银山光闪红。道场洁净大欢喜，撞钟伐鼓声隆隆。声隆隆，灯烂烂，千盏万盏莲花散。莲花散成般若台，欲泛慈航登彼岸。啾啾众鬼泣荒丘，栖苔附草招同伴。魂来风月明竹枝，满地幡影横魂去。风月落森森，夜色转萧索。须弥一粟不可量，杯中净水甘露凉。安得甘露化为酒，孤魂一吸消

《七月半》 李涵绘
七月十五中元节，俗称鬼节，
家家祭祀先人

《盂兰志盛》选自《点石斋画报》

愁肠。雉矫矫，狗喔喔，蟾蜍影灭高树颠，萤火飞光不成绿。”

顾玉振《苏州风俗谈》中说，盂兰盆会在七月三十地藏王生日这天进行。当时有好事者醵资制一青面獠牙的纸人，供于街头，高与檐齐，俗称鬼王。此外又有牛头马面、黑白无常、大头鬼、小头鬼、地方鬼，悉以纸制，高低不一，延僧唪经，称之施食。当施食之时，和尚铙钹齐鸣，唪经之声，抑扬疾徐，发皆中节，加以罗鼓喧阗，观者塞途。只见冥镪万千，于路边焚化；火把千百，令田野通明。据说此举为超度无祀孤魂。

施食，俗名放焰口，放又称瑜伽焰口，可设坛于沿街，也可舟载行诸河中。后者必备无数五彩纸制莲花，中储琥珀少许，且行且燃，称放水灯，也叫放河灯、放莲花灯、放水旱灯等。放水灯时，行在前面的是僧人放焰口的坐船，次为施食坐船，再次为乐器船。倾耳听之，一时宣诵佛号声、铙钹声、钟鼓声，善女和佛声，锣鼓喧阗声，声声入耳。最后为冥镪船、莲灯船、鬼王船。冥镪盛于铁丝架中焚化，而水面上又有点燃的莲花灯，远远望之，水面火光点点，绵延数十丈，随波荡漾，忽明忽灭，其景象大有可观。此风俗同治、光绪年间行之最盛，顾玉振于民国初年还亲眼见过，至民国十九年（1930）《苏州风俗谈》成书之时，已废止十余年。

改革开放之后，各大寺院又恢复了这一传统法会，一般寺院为期几日至半月不等。而光福石壁永慧禅寺为期一个月的地藏法会则并不多见。整个七月，人们以鲜花等供佛敬僧，信众在法师的带领下，进行一系列的法事活动，包括每天诵《大藏经》，其中有一项重要内容，就是七月半的盂兰盆会。为在世父母祈愿，百年无病，无苦恼之患；为往生父母超度，生人天中，福乐无极。

# 七月三十点肉身灯，报亲恩何必如此？

佛经中说，地藏王受释迦牟尼佛嘱托，在弥勒佛出生前，自誓度尽六道众生，始愿成佛，常现身于地狱之中以救苦难。农历七月三十，传为地藏王成道日。是日，寺庙多佛事，民间更是衍生出脱红裙、点肉身灯等民俗活动。

清代顾禄《清嘉录》卷七“地藏王生日”条说，地藏王生日这天，信众骈集于开元寺大殿，酬愿烧香。妇女有脱裙之俗，裙以红纸为之，据说曾生产一次，脱裙一次，则可免除再生产时的危险。清代蔡云《吴歈百绝》写道：“脱裙解秽一重重，村妇纷投地藏宫。砖塔夜来燃珀屑，水灯放后地灯红。”

又有寄库之说，就是活着的人将许多纸钱送往寺库寄存，以作来生之资。

更有一种愚昧又残酷的习俗——点肉身灯：所谓的孝子跪于佛像前，在赤裸的臂膀上用铁钩扎进皮肉中，每个铁钩上均挂一盏点燃的油灯。这种行为，即使在旧时也遭到人们的批评，清代金奉尧有一首《烧灯叹》：“七月月晦夕，吴俗竞赛神。赛神何所为，燃灯各纷纷。炳耀同白昼，辉煌无黧昏。资耗不可计，好奇而争新。亦有孝者愚，愿捐以肉身。纤钩悬其肘，烛焰腾氛氲。云照阿鼻狱，以报母氏恩。汝母氏何辜，不随

《地藏菩萨像》五代·佚名

入转轮。生养未能报，那补晖三春。奈何毁遗体，重伤泉台人。”这种自毁肉体的做法，与古人“身体发肤，受之父母”的理念是背离的，所以金奉尧认为这是“愚孝”。行孝，应在父母健在时好好奉养，像这种所谓的“报恩”，只会让已经亡故的父母在九泉之下不安宁。

点肉身灯，不知何所取义，不过由来已久。猜想起来，因为佛乃地、火、水、风四大和合的幻身，故肉身菩萨成为即生修成的菩萨，也成为大善智识的尊称。《坛经·行由品》说：“不得以貌取人，何得多时使他肉身菩萨。”北宋晁说之在《宋故明州延庆明智法师碑铭》中说：“先是

开元寺无量殿

伽蓝神腹中得愿文一纸：'后更百年肉身菩萨重兴此地。'"世俗牵强附会，以自身为肉身，还以报亲恩为由，做佛事时赤身遍体挂钩燃灯。不但男性点肉身灯，就连女子也点。届时开元寺大殿内，百十成群，裸体燃烛于肩背，且男女混杂，夜以继日，时人称之"吴下伤风败俗之最甚者"。清康熙时的章法《苏州竹枝词》就说："开元寺里十王门，风卷红裙显绣裈。孝子脱衣赛孝女，肉身灯点报娘恩。"

苏州开元寺，五代时由苏州城北迁至盘门瑞光禅寺北，明万历时重修大殿佛阁，为吴中名刹；毁于清咸丰十年（1860）兵火，唯无量殿犹存。《百城烟水》称"僧如缘建阁供奉钦赐大藏，纯垒细砖，不用寸木，雄杰冠江南"。时在万历四十六年（1618），额为"敕赐藏经阁"。面阔七间，重檐歇山，壮观精致。因曾供无量寿佛，又称无量殿。又因纯用砖砌，俗称无梁殿。至于后来在此发生的点肉身灯陋习，是如缘法师始料未及的。

清初，汤斌任苏州巡抚时，对此现象严令禁止。他在《严禁妇女入寺燃身以正风化告谕》中指出："即曰亲恩当报，生养死葬，自有定礼，违礼辱身，是谓不孝，何名报恩？"这种违反对父母"生养死葬"礼制，自毁肉身的做法，就是不孝，更谈不上什么报恩。在汤斌的严禁令下，此俗得以遏止。蔡云《吴歈百绝》有"今日开元寺中过，更无人点肉身灯"之句。

然而，到了清末，纲纪颓驰，常熟等地的肉身灯又死灰复燃，只是时间不同。王锺陵《琴川竹枝词》咏道："节逢上巳好春光，争出西关看拜香。身体毁伤全不顾，深恩反说报亲娘。"同时，苏州女子肉身灯又点燃起来。光绪二十四年（1898）点石斋人就报道，苏州马医科巷南海庵有富家女眷点肉身灯之事。报道称，南海庵为比丘尼焚修之所，上月晦日地藏王诞辰，善男信女，联袂掎裳，到该庵进香者络绎如梭。庵尼不避嫌疑，招请僧徒诵经礼忏，当铙钹声喧、梵音杂奏之际，有某宅闺眷两人，身穿绛衣红袴，头燃巨烛，立法坛左右，望之如玉树临风，光辉四映。一时轻狂之辈前往庵中，观者蚁聚蜂屯，品足评头，恣情戏谑。而女子抛头露面，被一双双淫目灼灼窥伺其旁，却毫不为耻。当然南海庵里不是真的裸体挂钩，只是略具意思而已，但已遭时论非议。

随着时间的推移，点肉身灯依旧在孝子孝女间流行，且愈演愈烈。“今之丧家，有孝子孝女点肉身灯以报其母之恩者，盖即效法目连救母之遗事。其法用铁架一具，人居其中，如身御衣服然，头上戴一笠，亦以铁丝缠绕而成，笠上偏插蜡炬，连全身上下四周统计之，号称九十九枝。点肉身灯时，必跣其足，袒其胸，形状奇特，为有生以来所未见。施法时，全身蜡炬齐明，照耀如同白昼，观者啧啧称羡，莫不曰孝子也，孝子也，或曰孝女也，孝女也，是诚父母之福焉。”（顾玉振《苏州风俗谈》）顾玉振以为，最大的孝顺是在父母生前，死后追念即可。

每年七月三十黄昏时分，苏城人家还要燃烛于庭阶，炷香于地，称之地藏灯，也称幽明灯。据说吴王张士诚小名“九四”，与地藏王恰好同一诞日，苏人借祭祀地藏菩萨之际，同时祭祀张士诚，故而烧地藏香也称烧九四香，俗称烧狗屎香。清代朱绶《地灯篇》咏道：“齐云楼火烧宝衣，三兴土薄秋磷飞。幽扃修夜闭何处，徒有一丘传太妃。吴人私祭四百载，琥珀流脂烛摇采。老禅呼起战死魂，沃以杨枝甘露水。三更纸钱灰舞空，鬼妾踏烟寻故宫。阴虫满地露湿草，腻膏如血凝殷红。里娘娇小不解事，自倚中门作斜睇。冷风吹火心暗惊，头上花枝颤危髻。”然而顾禄《清嘉录》卷七“地藏王生日”条，并无烧九四香之说。

民国时，烧九四香另有讲究，即燃点香烛多少副数，必与一家之中男女老幼人数相等。如果是闰七月，则七月三十传为地藏菩萨开眼日。

《点肉身灯》
选自《点石斋画报》

# 中秋踏月，虎丘听曲

农历八月十五的中秋节，堪称大节。这一夜，最开心的要数女子，她们精心装扮，头簪木樨，身着华服，待斋月宫仪式完毕，或与比邻同巷，款门赏月，陈设月饼、菱芡、桂栗诸物，延坐烹茶；或随喜尼庵；或乘着中秋夜清明的月色，相约闺中好友做踏月之举，俗称“走月亮”。

只要她们高兴，鸡鸣喔喔，仍可婆娑月下。“木樨珠压鬓间香，两两三三姊妹行。夜冷不嫌罗袖薄，路遥翻恨绣裙长。”（清代蔡云《吴歈百绝》）尽管夜冷罗裙薄，脚小绣裙长，但她们的心情是欢愉的，毕竟一年之中属于闺阁女子的节日是不多的，更何况在封建社会里，能够让她们抛头露面、自由呼吸新鲜空气的日子更是少之又少。清代袁学澜有《姑苏竹枝词》咏道：“中秋共把斗香烧，姐妹邻家举手邀。联袂同游明月巷，踏歌还渡彩云桥。”她们出阊门、过山塘，前往虎丘胜地联袂踏歌赏月，因为在那里一场声势浩大的虎丘曲会正要上演。另有《续苏州竹枝词》咏道：“青罗帕子半兜头，十五芳龄爱浪游。来往虎丘歌艳曲，千人石上逞风流。”

苏人向来“竞节好游”，“中秋无月虎丘山”就是重要的一项。

不知从何时开始，中秋虎丘形成规模空前的曲会，甚至成为这一节俗活动的主要内容。

苏州是昆曲的故乡，迟在明嘉靖年间，唱曲演剧的社会风气已相当

木渎镇『顾家班』于虎丘曲会千人石上演奏《将军令》

盛行。明代袁宏道在万历二十二年（1594）岁末谒选，做了两年吴县知县，他熟知这一情状，在《江南子》里咏道："蜘蛛生来解织罗，吴儿十五能娇歌。旧曲嘹厉商声紧，新腔啴缓务头多。一拍一箫一寸管，虎丘夜夜石苔暖。家家宴喜串歌儿，红女停梭田畯懒。"士绅阶层做表率，全社会共同参与，昆曲发展打下了广泛而厚实的群众基础。（详见《典范苏州·听声 耳畔苏州·昆曲》）

中秋虎丘曲会的鼎盛时期，应该是在万历年间。明代鄞县沈明臣《中秋虎丘看月行》、梁溪人邹迪光《中秋虎丘纪胜》，这两首诗中所写

虎丘庙会现于金秋时节在虎丘重启，传承了『山塘出会，虎丘看会』的传统，使游客在现实与虚幻、古典与现代之间穿梭，焕发出吴文化的魅力

场景，仿佛在做远远的瞭望，那千人石上，男女杂坐，黑压压一片，既引觞赏月，又听歌度曲，朗月在天上照耀，歌声在山间回荡，间杂着弦索箫管，也间杂着欢语喝彩。这样的盛会，也只会发生在苏州虎丘的中秋之夜。昆曲的声腔，也的确是细致华美、富有神韵，在百姓中受到普遍喜爱，民间习唱之风也颇为兴盛。进而与固有的游乐习俗相融合，由此产生了一年一度虎丘曲会与中秋赏月合二为一的习俗。

当明月浮空，一轮又一轮的唱曲比赛开始了。比至夜深，月影横斜，荇藻凌乱，则箫板也不复用，一夫登场，四座屏息，音若细发，呼彻云际，每度一字，几近一刻，飞鸟为之徘徊，壮士听而下泪。此情此景，就如清代邵长蘅《冶游》诗所说："中秋千人石，听歌细如发。"

天启某年中秋，张岱也参加了虎丘曲会，写下《虎丘中秋夜》。因为张岱自己就是曲家，写来更是在行，又十分细腻：在空间上，从虎丘山门迤逦而上，直至申时行祠堂，高高下下，而以千人石为中心，来自社会各个阶层的人们，都铺毡席地而坐；在时间上，从初夜直到三更时分。

当圆月渐渐升起，百余处鼓吹铙钹纷纷响起，因为各奏各的，声音嘈杂，震耳欲聋，整个曲会的序幕由此拉开。

初更时分，全场千百人齐声合唱，这时鼓板收起，唯有管弦，曲会正式开始了，所唱《锦帆开》、《澄湖万顷》，都是《浣纱记》第十四出中的，分别为《打围》中旦贴合唱曲和《采莲》中净旦饰吴王领唱的合唱曲。

合唱结束，进行第一轮赛曲，有唱南曲的，有歌北词的，刚吐出字句来，听客就议论纷纷。很快，大部分参赛者被淘汰。

二更时，第二轮开始，摒去管弦，只有洞箫一支伴奏，结果只有三四人入围。这时夜色已深，听客也大都兴尽而散。

最后一轮在三更时进行，只有一夫登台，那是进入了唱曲的最高境界，虽说曲高和寡，但在那里静静聆听的，还有百十来人。

张岱不由感叹，只有在昆曲故乡的苏州，才会有这样的知音。

晚明的中秋虎丘曲会，几乎年年都是这样的场景。不仅如此，虎丘曲会还吸引了专业知音，如清曲家苏昆生。他自然不必每次登千人石，但偶尔小试一曲，即知其无愧于“南曲为当今第一”的称号。还有常熟名医周似虞，也是位清曲家，每年中秋必到虎丘。与苏昆生不同，他到则必登千人石放声高唱，唱则每每赢得佳誉。

顺治二年（1645），清兵进入苏州，虽说先乱后治，但经济、社会、文化等各个方面还是深受影响；中秋虎丘曲会也不例外，虽然一年一度地依旧举行，但盛况已不复现。乾隆年间，其规模和内容都逐渐有了变化，但还是与昆曲的发展一脉相承的。到了道光初，中秋虎丘虽然还有听歌之事，却与中秋曲会无太大关系了。清代顾禄《清嘉录》卷八记中秋虎丘道：“今虎丘踏月听歌之俗，固不待昔年，而画舫妖姬，征歌赌酒，前后半月，殆无虚夕。”这时的虎丘踏月听歌已经变了味道，与原本优雅闲适、极富诗意的听曲赏月，已不可同日而语。

就这样，前后持续二百七十多年的虎丘中秋曲会，终于消散了。如今随着昆曲的再度兴起，不知这虎丘中秋曲会是否还能再续前缘呢？

# 八月十八赏“串月”，一览人间奇观

每年农历八月十八夜观赏“串月”的习俗，由来已久。其时，画船笙歌，欢游竟夕，诚为苏州风俗盛观。当皎洁的月色洒向湖面，粼粼的波光叫人春心荡漾，那诗一般的意境，月未串，人已然沉醉了。

所谓“串月”，有两种表现形式：一指圆月倒映在水面，人们可以欣赏到一连串的水中月；另一指从各个桥洞中都能倒映出月影。苏州能形成湖中串月现象的是石湖；能形成桥洞穿月现象的先后有两座，一座宝带桥，一座行春桥。

那么，串月究竟是怎样的奇观呢？清代袁学澜《吴郡岁华纪丽》卷八中说：“沈纫芳《晋人麈》云：‘吴中八月十八日看串月，在楞伽山顶望月亭，向东望宝带桥，当月出处，每桥洞有一月影，其光闪烁，霎时即过。’”

观赏串月要有三个特定的条件：一是有开阔的水面，二是要有多孔桥在水面上，三是要有可欣赏的地方。因而在苏州，石湖和宝带桥是观赏串月的最佳去处。

据说，这种奇观不是每年都能见到，“遇闰年，则行度有差，月不复串”。袁学澜在《吴郡岁华纪丽》中还说：“金閶周豳开、予伯笠岑曾见之。又闻楞伽寺僧云：‘此犹非也，予在山四十年，始得一见，其影自水接天，累累然数十百月，如百八牟尼珠状，乃通而贯，非横而铺者也。”寺僧在山上待了四十年，只看到过一次。另一位诗人徐波，他在诗中描述了这种自然奇观后自注道：“吴中数十年来盛传楞伽山八月十八夜串月，余年三十七矣，未尝一见。”（详情见下页）

串月，或称穿月，通常都称作串月。石湖之地的最佳欣赏地点，是在楞伽山顶的望月亭。随着月亮的升高，运气好时，可以看到“玉塔倒悬聊近似”以及“适当铁练之中，倒影于地，联络一串”等景象。串月现象的

形成，应与光学、气象学等诸多学科有关联，恰当的时间、相宜的角度、适合的风力等诸多因素综合起来，即所谓天时、地利、人和，才能成就这出串月的完美大戏。正因其“霎时即过”，所以能观之者寥寥无几。

石湖串月始于何时，在史料没有明确记载的情况下，很难断定。先后居住于石湖边的南宋范成大和明人王宠的诗文中，并未出现“串月”这词，不过他们诗中所描绘的月夜相当迷人，尤其王宠那首《平湖月东出》描绘的画面，大可与后来文人的串月诗相媲美。或许“骊龙弄珠吐复吞，横抹万里玄云屯。划然一跃忽千仞，青天扫荡悬金盆”就是后来人们所说的串月现象，只是王宠未用“串月”这词而已。明代的《横溪录》卷八引了明人张宏的《一串月》诗：“上方隐跃石湖秋，三五遥看分外优。碧落千寻圆玉洗，清波一串碎金浮。影高影下从中浴，光聚光分夹底流。览胜别疑探月窟，重重倒映水晶球。”

另，《横溪录》卷六引徐波的一首诗：“山亭露坐天如幕，待月不出资谐谑。轻风似欲扫浮云，将以所见证所闻。纤微吞吐诚非易，倏忽飞沉无定位。真月犹未现全身，先见第三与第二。忽悟奇观不在天，直以溪水相沦涟。草涨沙回溪断续，一层始有一孤圆。金光激射谁可拟，玉塔倒悬聊近似。月堕云中不可呼，馀光散入澹台湖。烛灰神醉庙门闭，风磨细竹如鬼语。年年此夜幸相思，月出未尝离此处。”作者在自注中说：他没有见过这等奇观，因此暗思“或云从宝带桥双出数遂有七十二，此横说

也；或云葑溪外极饶溪港，仲秋此夜，月月相传，照如塔灯，此竖说也。然亦意如阿閦佛国才一现耳”。直到明天启六年（1626）其三十七岁时，“丙寅秋，宇澄霁适嘉定季长蘅、松陵周安期来，遂蓄意而往，薄暮登山。是夜，月出较迟，列坐灵官殿庭，远水纵横，昏昏莫辨，更馀孤魄。乍升，从溪港一一现形，分身无数，始大异之。总之，玉塔者近，是二更后益奇向，所谓横竖俱不足以尽之，游人匆遽而返，亦未穷其变也”。

因为不能确定张宏写《一串月》诗的时间，所以“串月”这个概念出现的时间最晚为徐波第一次所见时间（天启六年）。不管怎样，有记载的串月大戏，由此拉开了序幕，且一演就是三四百年。到清朝中后期，行春桥看串月已然形成规模颇大的群众参与性活动。这样的事情每年都在同一时间、同一地点重复上演，且愈演愈烈，人们蜂拥而至，乐此不疲，有亲眼所见，也有充满想象。一时间，文人以吟咏串月为时尚，与之相关的诗词就如雨后春笋，不计其数。

渐渐地，宝带桥看串月不再被人提及。可能是由于宝带桥历经康熙九年（1670）大水冲圮，咸丰十年（1860）毁坏，同治二年（1863）常胜军与太平军作战毁去第九孔，使北端二十六孔崩塌，在几次修复中，桥洞已不在原来的位置，偏离了可以形成串月的轨道；也可能是游人并未弄清串月究竟是怎么回事，人人放舟湖中，破坏了形成串月的自然湖面。总之，文人的诗词中慢慢不见了相关的句子，甚至连行春桥看串月

宝带桥旧影，摄于一九三三年

石湖游船观串月是人们争相奔赴的风俗活动

的情形也不同以往了。

种种串月之说，让人疑惑，不知从何时起，大家都不约而同放棹于湖中，各式船只，不停地在湖中闹腾，哪里还有什么串月可看，也许更多的人只是凑个热闹而已。到道光初年，看串月之名犹存，但月未升而人却各自归去。袁学澜有诗咏道：“望湖亭望石湖波，月串长桥月愈多。箫鼓船归山水寂，更无人影伴嫦娥。”

光绪年间，湖上已有小火轮穿梭于画舫楼船之间，八月十八夜观串月，已成为人们吃喝玩乐的借口。民国时期，泛舟石湖观串月仍是人们争相奔赴的风俗活动。顾玉振民国二十年（1931）出版的《苏州风俗谈》，记述了他亲历的“观穿月”过程。那天，约上良朋七八，乘画舫前往石湖，泊舟于行春桥畔，观乡人赛舟。舟疾驶如飞，来往于桥之左右，司桨者均为壮夫。船艄立一人，赤身裸体，手执钢叉，飞舞纯熟，铿铿然连续不断，且身体活泼，时而盘旋，时而跳跃，如在平地。当舟过桥洞时，飞叉由桥面越过；舟过桥洞，叉落下，刚好接于舞者之手。人奇其技，故皆称之为打拳船。这是水乡特有的“卖解”，表演者都是邻近的乡民，平时水上习武，逢串月之期，便咸集于石湖。

看完热身赛，压轴大戏随即上演，“入夜，只见画鹢衔尾，停泊于桥之左右，灯光点点，映水成行，笙歌之声，可达数里。是时，月出东方，光彻九霄，水底之月，亦随波荡漾，忽在桥之南，忽在桥之北，月影在水，忽南忽北，游人视之，若月能穿桥者然，苏人称之为穿月，取其仿佛也”。较之清代神乎其神的串月之说，顾玉振描述的穿月情形朴实得多。

后来石湖一带盗贼横行，绑票之案时有发生，游人惧怕不敢前往，所以行春桥看串月，大不如昔日热闹了。1953年，周瘦鹃先生观石湖串月时作七绝二首，不过诗中并未提及串月，或许那时已看不到了。

# 桂花飘香，秋季里的花市

桂，苏州人称“木樨”；桂花，也就叫作“木樨花”。《墨庄漫录》如是说，吴俗称桂为木樨，是因为“木的纹理如犀”。

桂有三种：一种叫箘桂，就是《蜀都赋》中所谓的“箘桂临岩”。一种叫牡桂，《尔雅》中所谓的“梫木桂”。另一种就是吴中庭院所植的岩桂——黄的叫金桂，白的叫银桂，红的叫丹桂；金、银桂的花，香味最浓郁，可谓十里八里开外都能闻到。除了上述三种桂外，还有春花、四季花、结子等品种，但其香味都比较淡。

桂树开花有早有晚，通常在秋分节开花的，叫早桂；寒露节开花的，叫晚桂。

那么，桂树是何时引进苏州的呢？据说，唐代白居易任苏州刺史时，将杭州天竺寺的桂子带到苏州种植。南宋范成大在《吴郡志》中说：“桂本岭南木，吴地不常有之，唐时始有植者。白乐天守郡日，谓苏之东城，为樵牧之场，有桂一枝，生乎城下，惜不得其地。赋《东城桂》诗，有‘子坠本从天竺寺，托根今在阖闾城’之句。”可见唐代时桂树在苏州还是稀罕之物，仅有一棵。至明清时期，桂树已随处可见了，明代莫旦《苏州赋》自注说“周虎家有古桂数千本，号凌霜”。

桂树开花之前，必有几天天气异常炎热，这个温度正好为桂花酿花

作蕊提供条件。因而这几天俗称“木樨蒸”，也只有通过这几天的蒸郁，桂花才开得更为香浓。

旧时，待花开之时，虎丘就能形成花市。虎丘花市，当以春夏季为最盛。炎热的盛夏，让笙歌稍息，特别是虎丘山塘，自端午龙舟竞渡以后，进入了“夏眠”。就在人们度过酷暑后，花的滋味逐渐淡去之时，桂花的香味飘满了苏州城乡，于是，新一轮的花市又暴发了——赏桂花。清代顾禄在《清嘉录》中称之为“木樨市”。清代袁学澜《吴郡岁华纪丽》称之为桂花节。清代蔡云《吴歈百绝》咏道：“七里山塘七里船，木樨香里沸歌弦。十千那彀一船费，月未上弦直到圆。”

山塘桂花节极尽奢华，较适合有钱的纨绔子弟，而光福随处可见的桂花，更受文人的青睐。郑逸梅先生在《谈山家十八熟》一文中，将光福潭山桂列为第八位。天井村在旧时文人笔下被称为百花庄，一年四季，花事不绝，特别是桂花。清代何广生《光福后竹枝词》咏道“橐驰绝技属山家，花木成畦整复斜。天井梅桩董坟桂，一年岩户好生涯”。清代廖文锦《香山杂咏》也有“弹山直下百花庄，天井人家占尽香”的诗句。天井的桂花以朵大瓣厚、色黄味浓享有盛名。

另外，穹窿山半有双髻庵，俗称草庵，乃古指月禅师所建。庵中有古桂二棵，花开极盛，为此廖文锦咏道：“双髻深深隐翠岚，等闲着屐访瞿昙。我来不爱香严界，为觅天香到草庵。”

在众多喜爱光福桂花的文人中，元代画家、诗人倪瓒是较为突出的一位。他一度隐居光福迂里，还时常小住在好友徐达佐位于西崦湖畔的耕渔轩，写下了数首咏桂诗。其风清花开时作有《饮耕渔轩》：“酒渴茶瓯沁露凉，石床云卧冷侵裳。团团碧树悬金粟，月午风清梦寐香。”雨作花落时写了《呈寓斋诗帖》：“八月山居秋廓廓，西风逗冷侵疏箔。鸟衔青影暮飞还，细雨空庭桂花落。”还有《七日访徐良夫至七宝泉，暮舟还耕渔轩》：“不访城西十月山，桂花风气碧岩间。扁舟夜过溪东宿，七宝泉头日暮还。桂树窗间卧看云，我吹花落紫纶巾。偶来山廨饵苍术，又向红波采白苹。”

民国时，李根源到光福寻访古迹，他在《吴郡西山访古记》中说，花木以天井、窑上为盛，珍珠坞次之，而桂花多于梅花，所以光福不仅适合春游，且当继以秋游。

的确，近代以来，窑上桂花出了名，至今在光福地区依然流传着这样一句话：梅和桂、梅和桑是两对好姐妹。梅子、桂花、桑叶，是旧时光福人赖以养家糊口的农作物，尤其是梅和桂。因为在保鲜技术相对落后的过去，农人在长期实践中得出个经验，就是用梅酱水浸泡的桂花能长期保鲜。所以只要有梅树的地方都能见到桂树，

甚至现在的桂树在数量上已超过梅树。窑上人对桂树情有独钟，因此欢喜地称之为“花树”。

于是，担卖桂花也就成为一种营生。清代沈颢《青芝坞》诗咏道：“山中花市在中秋，日夜提筐采未休。卖与维扬商客去，香油都上美人头。”

现在，窑上仍有三四百棵百年以上的老桂树，大多集中在半山腰以上；半山腰以下方便搬运的老桂树陆续被卖掉。虽然挖掉一棵老的补种一棵小的，但树的阵容明显变弱。若于秋高气爽的假日，做一次光福秋游，穿梭于窑上桂树林中，贪婪地呼吸鲜香湿润的空气，是件再惬意不过的事。当一阵微风吹过，花雨缤纷，空气中满含着一种难以形容的撩人香气，将你深情围绕，这种感觉奇妙无比，不由得令人想起郁达夫写的《迟桂花》来。

郁达夫在文中描述了桂花茶不可思议的神奇功效，我想窑上的花农也可以制作桂花茶。光福的土茶自古有名，郑逸梅先生在《谈山家十八熟》中将其排在第十一位。据说其两晋南北朝就有，到宋代已是闻名遐迩，有“邓尉雪绿”的美誉。光福的桂花始于唐代而盛于宋代，有“八、九月间山家艺此以败四方”的记载。桂花和土茶这两种具有代表性的光福物产，如若有机地结合在一起，将毫不逊于郁达夫喝过的桂花茶。你想呀，桂花的幽然醇香配上碧螺春的纤细可人，真是天造地设的一双。

诚然，八、九月的光福，八、九月的窑上，的确如李根源所言是秋游的佳处，行走于幽香飘然的田头山坡，一定令你昏昏欲醉，飘飘欲仙，流连不忍离去。

《秋兴图》 李涵绘

蟋蟀，因感秋气而生，是谓秋虫。雄性善鸣好斗，人们拢养，以作赌斗之乐，称为秋兴

# 斗蟋蟀，从民间“斗”到宫廷的娱乐活动

蟋蟀，又叫促织，吴语称“赚绩”。蟋蟀善跳，其鸣在股，形似蝗而小，目有光泽如漆，有角翅，有红铃、月额诸名。蟋蟀雄性善斗，人便利用其特性，每于秋间畜之以为赌戏。据说观其颜色，就可知其强弱，有道是白不如黑，黑不如赤，赤不如青。白露前后，取雄性而矫健的驯养，以为赌斗之乐，俗称秋兴。每年农历七、八月，就到了捉蟋蟀、斗蟋蟀的时候。明代唐寅《闻蛩》诗有“孟夏蟋蟀鸣，白露零蔓草”之咏。

斗蟋蟀是我国一项古老的娱乐活动，在两千五百多年前经孔子删定的《诗经》中就有《蟋蟀》之篇。唐宋时期开始盛行。清代蒲松龄在《聊斋志异·促织》中描写了明代宣德年间皇室里因盛行斗蟋蟀，而每年都要向民间征收蟋蟀的故事。明代况钟就任苏州知府，为苏州百姓奏免七十多万石的“皇粮”，但同时增加了“贡献”上千头蟋蟀的“额外任务”。据《万历野获编》记载：“我朝宣宗最娴此戏，曾密诏苏州知府进千个。”《御花园赏玩图》描绘的是明宪宗朱见深在御花园斗蟋蟀、斗鹌鹑，养鸟养猫、弹琴下棋的消闲生活。到清代，这项活动益发讲究。

捉蟋蟀以黎明时分，露湿草叶时最为适宜。草丛瓦砾间通常是它们的藏身之处。想当年，白露前后，苏城内外，随处可见提竹筒、过笼、铜丝罩的人，往来纷纷，在田野草丛处，颓墙破屋间，砖甓石堆里，听其

声，察其穴，操以尖草，灌以筒水，待其跃出，以铜丝罩捕之。往往劣弱者居多，强健善斗者得之不易。晚清平江散人《苏城圆妙观竹枝词》就说：“谁将勇怯早能分，唧唧声多草际闻。竹箸捉来青草塞，秋风满地是将军。”捉蟋蟀是个技术活，除了技巧还需要足够的耐心。

雌蟋蟀有三尾，其中之一是输卵管，故吴人俗称“三尾子”或“三枪”，又称“重台”。关于“重台”这个称呼，《苏州旧闻·晚清社会新闻图录》有《衅起重台》一则，令人啼笑皆非。说苏城有个名叫阿季的人，不知其姓，署名重台，平日举止阔绰，颇有大家子弟风范。某日至带城桥附近某成衣铺，见有一群孩童在斗蟋蟀，一童大呼：“此三尾子也，何得冒充蟋蟀。”阿季听了，以为有心侮辱自己，遂大踏步闯入，拍桌敲台，怒不可遏。一孩子父亲某乙知其误会，取蟋蟀盆看了之后说：“此不是三尾子耶，君何多心若此？”阿季更加恼怒，揪住乙的发辫，就是一顿暴打……

尽管晚清时期官府曾严禁以斗蟋蟀作为赌博，然禁者自禁，而斗者自斗。所以每至秋冬之间，斗蟋蟀仍盛行不绝。

训练有素的蟋蟀，俗称“将军”，白露开斗，至重阳止斗。斗前，先称双方蟋蟀重量，取两只相等的，然后由双方言明斗花几枝，即赌资多少。另有一人执草（一茎六穗，蒸熟后用于驱斗蟋蟀，使之兴奋）指挥，执草的当然是双方都信任的人。将斗之时，用一竹笼，叫栅，两端各有小室，双方蟋蟀各置一室，以草引之，蟋蟀即振翼而鸣，其声瞿瞿然，称之叫鸡。栅中间有一闸，临斗时，闸闭而两旁小门开，双方各将蟋蟀驱入小门，称入栅。入栅之后，以布覆盖栅面，使其稍静。然后以草引蟋蟀，令其兴奋而鸣。这时取下覆栅之布，而以草指引临斗蟋蟀，盘旋数回，使其精神奋发，挺立张牙，主持人即下令开闸。

此时，围观者都肃静无声，凝神注视。只见双方交锋，勇气百倍，

蟋蟀生命短暂而骁勇善战，令无数人痴迷，上自达官贵人，下至普通百姓，甚至闺中女子及孩童

忽而互持而直立，形如桥梁，谓之造桥；忽而互噬，钳与钳相拼，轧轧有声。久之，二者俱倒退数步，又振翼而鸣，称之双叫。这时主持人下令闭闸。闭闸后，以湿纸覆于栅面。此时双方主人必须做出决定，如果就此作罢，可以不论胜负，只需给些场地费即可。若决一雌雄，作二度战斗，称之打二草。二度作战，其方法跟第一轮相似。再次交锋，蟋蟀往往不负重伤不肯停止战斗，真所谓将军本性也。

在霜降以前，称为小旗；至寒冬之后，始斗大旗。大旗小旗，以赌资高低而定。寒冬时，蟋蟀须用温水“打汤”。此时输赢较大，名叫大栅。善养蟋蟀的人，著有蟋蟀谱，以供蟋蟀爱好者研究。蟋蟀赢得胜利时，可赏得金花、红绸，主人则以此为荣。

蟋蟀的一生短暂却激烈，它只为秋季而生，其音商，其性胜，秋尽则尽。清代张仁济《斗蟋蟀》咏道：“角口弹丸地，争雄角杀时。毕生能几日，何事苦相持。”正因其生命短暂而骁勇善战，令无数人痴迷，上自达官贵人，下至普通百姓，甚至闺中女子及孩童；更有甚者专程远道而来，俗称“客虫”。清代袁学澜《斗蟋蟀行》就生动描写了斗蟋蟀时，几家欢

《斗蟋蟀》清·佚名

乐儿家落魄的场景，咏道："喜花篱落秋风起，蛩声入耳童心喜。燃灯夜搜瓦砾丛，开场博彩喧成市。破落门看失主奴，纵横席坐败家子。分旗角胜挥前茅，螳臂孤撑决战蚁。飞将争先得意鸣，竟仗幺么获金绮。须眉相率效儿嬉，工商坐此忘生理。游戏输赢难策功，彩钱散尽田园空。岁暮单衣走风雪，此身返作寒号虫。君不见半闲堂中相，金笼踞斗欢无量，韬略高谈蟋蟀经。木棉庵里生惆怅，千秋留作奸邪样。"

蟋蟀盆是随养蟋蟀、斗蟋蟀应运而生的，因此它的出现当不晚于赵宋，先蓬门小户而后高墙大院，盆的制作日益讲究。苏州制盆历史至晚始于明永乐年间，近人邓之诚在《骨董琐记》卷六里记了一件事，说某年在北平石虎胡同的蒙藏学校掘土种花，挖出了许多蟋蟀盆，其中便有十一只署"姑苏彩山窑常德盛"，都是永乐年间所制。宣德盆的选料、制样、画器、题款，无不讲究；戗金也是附丽的装饰，即在盆的外壁绘以图案，嵌以金丝，自然使宣德盆更加精雅美观了。

蟋蟀盆，或陶或瓷，或竹或木，也有用葫芦的。还有出自苏州城北陆墓的泥盆，虽不华贵，历史上却很有名。康熙年间，有位苏州人"梦桂月攀氏"，撰《蟋蟀谱》一卷，其中一节论盆，就记了多个品种，如连武之竹节盆、宋贾秋壑之瑞毅盆、张之宣窑盆、龙凤山水花卉人物进贡盆、御窑五彩瓷盆、梅稍月盆、五判盆、五鱼盆、清玩盆等，可见清代苏州出产的蟋蟀盆品种之多。这一侧面，也反映出当时养蟋蟀、斗蟋蟀的人之多。

若是宫中妃妾们享用的，自然是更为贵重的小金笼。每至秋时，妃妾们闲着也是闲着，争相以小金笼养蟋蟀，置之枕畔，夜听其声。庶民之家纷纷仿效。尽管她们并未有斗虫之戏，而丽人、绣枕和小巧精致的金笼，可谓相得益彰。小金笼或放在枕边，或悬于帐上，听着瞿瞿之声，独自在寂寞中消磨那漫漫长夜。

# 重阳，从登高避祸到游乐思亲

农历九月初九为重阳。《易经》以“九”为阳数之极。这一日因日、月都为“九”，两阳相重，故称重九，或称重阳。《离骚·远游》就有“集重阳入帝宫兮，造旬始而观清都”之句，可见这个日子在很早很早时就受到人们的重视。

每年重阳日，苏城通常风雨满城，这种气象，就是所谓的风雨重阳，苏州人称之为“秋风盲雨”。此时的雨，捎来了寒冬的讯息。南宋康与之《重九》词说：“重阳日，四面雨垂垂。戏马台前泥拍肚，龙山路上水平脐，淹浸倒东篱。茱萸胖，黄菊湿滋滋。落帽孟嘉寻箬笠，漉巾陶令买蓑衣，都道不如归。”

重阳登高的风俗，大概在汉代已经形成，至魏晋南北朝风行，甚至道家的祛灾之说，也渗入了这一节俗之中。据南朝梁吴均《续齐谐记》记载，有个叫桓景的人，遵照师父费长房吩咐，于农历九月初九携全家佩带茱萸，登山饮菊花酒。傍晚回家，只见家中的鸡犬牛羊统统暴死，方知他们全家躲过一场劫难。此事传开后，人们便于每年的九月初九，以登高、佩带茱萸、饮菊花酒来免祸避灾，逐渐形成风俗。随着岁月的流逝，这一日登高、饮酒、赏菊，其避灾祛邪的目的渐渐隐去，反倒成了苏州人游乐赏秋的重要活动。

《重阳登高》 李涵绘
旧时苏州登高以吴山治平寺为最盛，以斗羊博彩。两羊相斗，取『重阳』之意

重阳日游乐活动，苏州人自有多种选择：或设宴于台榭，把酒持螯，对菊吟诗；或闯坊曲，以为娱乐；或载酒具、茶炉、食榼，到吴山登高游玩。明代唐寅有《题画》诗咏道：“沽得重阳酒一壶，满城风雨正催租。黄花自作东篱主，觅个闲人绝世无。”苏人自古以来好游乐，登高通常都往吴山而去，近人姚承祖《吴趋访古录》之《吴山》咏道：“石湖烟雨乱云封，足蹑丹梯策瘦筇。重九客携高齿屐，夕阳僧打上方钟。霞明古寺枫千树，秋落吴山影万重。遮莫江南好岩岫，西风独上最高峰。”

登高之余，人们还可以在治平寺小憩，参与博羊会。

治平寺的博羊会，实际上就是“斗羊”，在旧时很是流行。那么重阳登高时为何要斗羊，而不斗别的动物呢？原来，两羊相斗，也含有“重阳（羊）”的意思。斗羊都取公羊，两只公羊入圈相角斗，抵撞一次为一回合，如此反复，直到其中一羊怯阵战败为止，便有了银钱输赢。民国范广宪有《石湖棹歌》：“茶屿山低似几平，风传铃语杂钟声。游人争向治平寺，赌采牵羊别有情。”清代惠周惕《九日吴山即事》诗有“斜阳细草吴山路，低帽簪花看赌羊”之句。清代沈朝初《忆江南》词咏道：“苏州好，冒雨赏重阳。别墅登高寻说虎，吴山脱帽戏牵羊。新酿酒城香。”这些都是“牵羊赌彩”的生动写照。

重九良辰，秋高气爽，万物清明，茱萸系情，黄花凝秋，这样的天气，这样的日子，登山野游不但契合节俗祓除不祥的本意，还寄托着对远方亲人的思念与祝福。身在异乡做官的南宋范成大，每次重阳登高，都将那份浓浓的思乡情化作一首首诗篇，其中一首《重九赏心亭登高》咏道：“忆随书剑此徘徊，投老双旌重把杯。绿鬓风前无几在，黄花雨后不多开。丰年江陇青黄遍，落日淮山紫翠来。饮罢此身犹是客，乡心却附晚潮回。”菊花绽开烂漫的笑脸，勾起范成大无尽的乡愁，恨不得一叶小帆飞回故里，哪怕只在梦里也好。

明人王宠的越溪庄因紧邻吴山，故而文徵明、唐寅等圈中好友重阳

《重阳观菊图》清·陈枚绘

日常常相聚于此，登吴山、游石湖，留下多首诗词。其中文徵明的《是岁闰九月再泛》咏道：“刚喜重阳临闰月，不辞老病复登台。多情秋色依前在，有待篱花故晚开。佳节从知难再值，青山端不厌重来。画船记取横塘路，十里笙歌载月还。”重阳登高对于文徵明等辈来说是乐此不疲的，虽然头发已白，身体老病，也挡不住闰九月两次登高的诱惑。王宠作为唐寅的好友和亲戚，关系密切，“何时共醉桃花坞，解尽春衣当酒钱”，是他俩共同的愿望。正德八年（1513），王宠乡试落第，于是重阳节来到桃花庵与唐寅对饮，发出“秋风日落嘶长途，我亦垂眉下帝都”之叹。三年后的重阳节，文徵明等诸友又齐聚桃花庵，各赋诗篇。唐寅另有《题菊花》

咏道：“九口风高斗笠斜，篱头对酌酒频赊。御袍采采杨妃醉，半夜扶归挹露华。”

东篱下，与好友对菊把酒诚为韵事，心情也随之豁然开朗。有人似乎还不过瘾，于是在庭中堆叠百十盆菊花，称菊花山；又在室内罗列瓶盎，总之以多为贵。清代蔡云《吴歈百绝》有“堆得菊山高复高，铜瓷瓶碗供周遭”之咏。然后约上三五朋友，终日把酒持螯、对花作诗，正如清代袁学澜《姑苏竹枝词》所咏：“双螯新买佐萸觞，栗粽花糕满榼香。人对菊山诗思健，喜无租吏扰重阳。”并有自注：“重九持螯，以菊花茱萸佐新酒，食栗粽花糕。花农供菊，百盆堆叠，名菊花山。”

民国时，重阳日苏城居民大多登北寺塔，或登虎丘山。顾玉振《苏州风俗谈》说：“苏州近城，无高山可登，每至重九日，约二三知己，或登北寺塔，以资眺望；或登虎阜山，以览胜迹。山与塔虽不甚高，亦聊胜于不登，盖因较之平地，已高出多多矣。余谓苏人之重九节，登北寺塔、登虎阜山，不过视作循例之消遣，无甚意味者也。”

重阳节还有一种应时小食——重阳糕，又名骆驼蹄，也称菊花糕。范

成大《吴郡志》卷二有“重九以菊花、茱萸尝新酒，食栗、粽、花糕”的记载。重阳糕，讲究一点的做成九层，仿佛宝塔一般，上面还要做两只小羊，以表重阳（羊）之意。普通人家蒸五色糕，也叫花糕。有以糖、面、枣等杂和在一起蒸的；也有用面和酒曲发成丰糕，掺百果于上的；还有以面裹肉炊之，或用面和脂蒸之。凡此种种都称重阳糕。苏城的糕团店出售的重阳糕上插有彩旗，称花糕旗。当天早上，大人以片糕置儿女额头，并说“愿儿百事俱高（糕）”，这大概就是古人做糕之意。即使出嫁的女儿，重阳这天也必定回娘家，一起吃花糕。因种种原因不能登高的，就以“吃糕”来代替“登高”。

据说重阳那天的晴雨，能预示未来的天气。重阳日晴，则一冬少雨雪，冬至、春节、元宵、清明皆晴；雨则皆雨。俗有“夏至有风三伏热，重阳无雨一冬晴”之谚，又有“九日雨，米成脯”、“重阳湿漉漉，穰稻钱千束”等说法。是日有雨，则来年五谷丰登。如若此话当真，即便那天风雨交加，人们也是满心欢喜的。

# 霜降祭旗纛，威武保平安

霜降为二十四节气之一，在公历十月二十三日或二十四日。这时，中国黄河流域一般出现初霜，大部分地区多忙于播种“三麦”等农作物。三国吴韦昭注有“谓霜降之后，清风先至，所以戒人为寒备也”。按五行之说，秋属金，金主肃杀。霜降后，寒霜渐多，霜令草木枯萎；兵也主肃杀，兵阵威武，兵器肃杀。旗纛为军队之象征，霜降之时正是祭旗纛神的大好时机，故而逐渐形成祭旗纛、听信爆的习俗。

旗纛，是指军中旗幡；信爆指火枪、火炮声。祭旗纛、听信爆，则显示军队的威武，有祓除不祥，保天下太平的寓意。民间传言，听信爆可免除喉痛之苦；或剥新栗置枕边，到时食之，有增强体力之效。

旧时苏州，每当霜降之际，都会在桃花坞校场演武厅旁的旗纛庙举行祭旗纛仪式。

霜降五更之时，听城中阅兵演放火枪火炮之声，称听信爆。清代袁学澜《续咏姑苏竹枝词》说：“饧锣响澈满街烟，开户儿童买数钱。霜落城头闻信炮，家家夜作废宵眠。”

祭旗纛仪式，则于次日清晨举行，俗称旗图。众官兵会集抚院，向北进发，浩浩荡荡赴校场旗纛庙行祭纛礼。一路上，金鼓齐鸣，军旗招展，官员们个个全副武装。整个祭祀仪式，极其威武壮观。因民间传说，

看祭旗纛仪式，能祓除不祥，所以这一天，护龙街（今人民路）南北挤满了前来观看的百姓。清代蔡云《吴歈百绝》咏道："阵伍森严号令明，钬铮金铁挟秋声。马腾士饱年年乐，信爆连珠报太平。"自注道："霜降日，官祭军牙六纛之神。先期弁兵等赴演武场之旗纛庙，如迎春仪，俗谓之'收兵'，又谓之'旗纛'。祭时排放火枪，谓之'信爆'。"

旗纛、信爆典礼，是武职官员之事，苏城内主祭者为巡抚，藩、臬两司副之。一府三县，例须站班。武官除两中军、四守备外，更有六营兵及营长、哨官等。祭旗纛，其实就是举行阅兵仪式，测试一下战士是"养之厚而驭之严，乃能有功"，还是"鼓噪鼠逃，去而为盗"；同时通过这种形式，将

军队的震慑作用发挥到极致。就如清代周宗泰《姑苏竹枝词》所写："祭纛行师霜降前，戈矛锋锐甲新鲜。从军一夜头堪白，芦管声中迅炮连。"

至清末，军队一度出现腐败现象，"今承平岁久，兵存空籍，提帅操阅之际，则雇佣夫担竖，以充点卯，复杂厕武优，以充应操练，刀牌精熟，徒取饰观。此营阅毕，复阅彼营，而即以前阅所雇之佣竖武优，以充应其数。所以军政大坏，绝无胜兵，风鹤远惊，鼠逃恐后，此诚不修武备之大患也。每岁霜降之放演火枪信爆，亦犹奉行仲冬阅兵之遗意，要在循名以责其实，乃可耳"（袁学澜《吴郡岁华纪丽》卷九）。可见，到了清朝末年，祭旗纛、看信爆，成了霜降时一个中看不中用的表演节目了。

表演就表演吧，好在祭旗纛场面依旧宏大，还有一番可看之处：巡抚，统领文武，有鲜明之盔甲一副，以轩轿抬出，光彩耀目，其状态甚为威武。中军、守备均系武职，故也各有盔甲一副。前导祭纛时，共有盔甲七副随行，颇为壮观。届时兵士装束统一为头缠黑布，足履草鞋，身御镶边马褂，腰束马裙，青布绑腿若隐若现，肩上扛二丈余长的竹竿。竿一端有锐利的枪头，缀以红缨；另一端装尺余长的铁脚，休止时可以插入土内。竿中间卷以绸质大旗，抵校场时，一律展开，旗幡数百，均飘展于朔风之中。这叫锚子队。其他洋枪部队、洋枪马队、炮队、藤籐队、抬枪队、大刀队等名目甚多，几万人的行伍，步伐整齐，气象森严，让人不寒而栗，肃然起敬。

位于桃花坞大街东段北侧的西大营门，旧时为营寨。“营”，是宋代军队的编制单位；“营门”，为军队驻扎之地。《宋平江城坊考》卷首叙目“营寨”条引卢熊《苏州府志》记道：“兵之有卫，自唐始。兵之有营，则古之制。兵不杂于民，所以严武备焉。苏为辅郡，武备不可少驰，营卫不可不严。宋度旷地立营，以居厢、禁，军人尝有其处矣。”

南宋建都于杭州，苏州离杭州较近，部分禁军设在苏州。吴中军制，以雄节为南营，全捷为北营，威果为中营。西大营门和中大营门，均为军队驻扎之地。顺治十六年（1659），将军祖大寿将娄门至带城桥一带民房尽拆改为满兵营，迎春坊为镇帅府，故而此地有“大营门”之称。康熙三年（1664），满兵移驻镇江，在苏州留下了西大营门、中大营门和东大营门的遗址，故而也留下了桃花坞大片荒芜的土地，才有了北园醉人的春色，由此形成“南园北园看菜花”的岁时习俗。

如今，像霜降日旗纛、信爆这样的岁时风俗，就连老苏州人知道的也不多，更不用说年轻人和新苏州人了。

肆

# 贺冬

## ——暖阁围炉守团圆

苏州人吃完年夜饭，端上守岁盘，家人依旧团聚一起围炉欢饮，辛苦一年的人们继续以酒食酬劳自己，酌酒唱歌，共叙天伦乐事，通宵不睡，称之守岁。守岁，蕴含守着岁星，祈愿岁岁平安的意思。过了除夕，也就是新的一年了，成年之人，回顾一年来虚度的光阴，往往深感应当珍惜大好年华。在这一年的最后时刻，是该好好总结一下过往，规划一下来年。

拨雪挑来踏地菘，味如蜜藕更肥醲；
朱门肉食无风味，只作寻常菜把供。
榾柮无烟雪夜长，地炉煨酒暖如汤；
莫嗔老妇无盘饤，笑指灰中芋栗香。
煮酒春前腊后蒸，一年长飨瓮头清；
廛居何似山居乐，秫米新来禁入城。
黄纸蠲租白纸催，皂衣旁午下乡来；
长官头脑冬烘甚，乞汝青钱买酒回。
探梅公子款柴门，枝北枝南总未春；
忽见小桃红似锦，却疑侬是武陵人。
村巷冬年见俗情，邻翁讲礼拜柴荆；
长衫布缕如霜雪，云是家机自织成。

——南宋·范成大

# 冬日田园杂兴十二绝

斜日低山片月高，睡馀行药绕江郊；
霜风捣尽千林叶，闲倚筇枝数鹳巢。

炙背檐前日似烘，暖醺醺后困蒙蒙；
过门走马何官职，侧帽笼鞭战北风。

屋上添高一把茅，密泥房壁似僧寮；
从教屋外阴风吼，卧听篱头响玉箫。

松节然膏当烛笼，凝烟如墨暗房栊；
晚来拭净南窗纸，便觉斜阳一倍红。

乾高寅缺筑牛宫，卮酒豚蹄酹土公；
牯牸无瘟犊儿长，明年添种越城东。

放船闲看雪山晴，风定奇寒晚更凝；
坐听一篙珠玉碎，不知湖面已成冰。

# 九九严寒，围炉闲话也成风俗

农历十月初一，正值秋冬交替之际，旧时为开炉日。苏州的冬天虽不像北方那样冰天雪地，但下起冬雨来却是十分阴冷潮湿。此时若围炉闲坐，更适合回忆往事，思念亲人。南宋范成大有《十月朝开炉偶书》诗：“圃芋今年紫，篱枫昨日丹。开炉修故事，听雨说新寒。橘社重游阻，楸行再拜难。此时西望眼，衰涕不胜弹。”自注道：“余病归二年，未能拜扫松楸，曩常以此日侍先兄游洞庭，并写悲感之怀。”

十月朔开炉，就意味着人们可以温暖地度过寒冷的冬季，所以届时会举行一个叫“暖炉会”的仪式，以示庆祝。《岁时杂记》称“京师十月朔，沃酒炙脔肉于炉中，围坐饮啖，作暖炉会，不问寒燠皆识炭”。北宋孟元老《东京梦华录》也说“有司进暖炉炭”。天气乍寒，家家皆暖阁围炉，宴赏雪景。小家碧玉，低垂绣帘，浅斟缓酌；大家闺秀，则欢聚一堂，各自取出平日的珍藏，在火炉边欣赏评论，以应开炉日气氛。

范成大《乙巳十月朔开炉三首》诗，描绘了他居住石湖别墅时开炉日的情景：“石湖今日开炉，纸窗银白新糊。童子烧红榾柮，老夫睡暖氍毹。”“石湖今日开炉，两壁仍安画图。万事篆烟曲几，百年毳衲团蒲。”“石湖今日开炉，俗家恰似精庐。拉涕虽无情绪，吟诗却有工夫。”由于冬日里天气阴冷，在这风雪难耐的漫长冬季里，有暖炉的陪伴，的

《围炉赏珍图》清·陈枚绘

《连冬起九》李涵绘
俗从冬至日数起，九九八十一日而寒尽，号为『连冬起九』，亦称『九里天』

确令人倍感温馨。这也更适合年老多病的范成大，为此他又作《雪寒围炉小集》：“席帘纸阁护香浓，说有谈空爱烛红。高饤膻根浇杏酪，旋融雪汁煮松风。康年气象冬三白，浮世功名酒一中。无事闭门渠易得，何人蹑屐响墙东。”闲来无事，范先生喜欢约上三五知己，任凭思绪飞扬，天马行空说笑。

有条件的人家为了舒适地度过冬季，选一间朝南向阳的屋子作暖室。富贵人家以“花户油窗”避寒，以“深护绣帷”聚暖。大约至清代，出现一种既美观又昂贵的蜊壳窗，即以大蚌壳、云母片制成的明瓦窗。

有道是："蜊壳窗，亮汪汪，遮风遮雨兼遮阳。昔年窗上多用此，一窗需壳数十张。近来装潢尚洋式，玻璃窗子出出色。蜊壳生意尽抢光，钉蜊壳匠发老极。"这说明当时以蜊壳钉窗的生意非常之好，以至原料供不应求。

炉火熊熊，室内顿时温暖如春，炉上可以煮茶、熬粥、温酒。文人雅士将心爱的文房四宝、琴棋书画搬进暖室，结侣为消寒会。清代袁学澜《暖室避寒》诗，就是一幅冬日暖洋图："明窗纸新糊，围炉火正蓄。安居冰雪辰，小占屏帷福。金石列周遭，图书陈陆续。潮喧小鼎茶，香泛深瓯粥。"团坐围炉，浅斟低唱，大蟹肥鱼，分曹促席，诗牌酒笺，排日为欢，前人称之为暖冬。暖冬席间，最相宜的是暖锅，荤素杂陈，吃得热气腾腾，酣畅淋漓，其乐融融，温暖无限，如此舒适惬意、清闲慵懒地度过冬季时光。

俗说从冬至日数起，至九九八十一天而寒尽，苏人称为"连冬起九"，也称"九里天"，有歌谣："一九二九，相唤弗出手。三九廿七，篱头吹觱栗。四九三十六，夜眠如露宿。五九四十五，穷汉街头舞，不要舞，不要舞，还有春寒四十五。六九五十四，苍蝇垛屋栿。七九六十三，布衲两肩摊。八九七十二，猫狗躺溻地。九九八十一，穷汉受罪毕。刚要伸脚眠，蚊虫獦蚤出。"又说头九暖主寒，谚说"头九暖，九九寒"；又说四九时必多雨雪，谚说"雨雪连绵四九天"；冬至前宜寒，谚说"冬前绅结冰，冬后冻杀人"。清代蔡云《吴歈百绝》咏道："连冬起九验天寒，只怕寒消九九难。第一莫贪头九暖，连绵雨雪到冬残。"时朔风号野，寒景萧条，无论大街小巷，酒帘尽偃，故谚语有"大寒须守火，无事不出门"。

对于文人来说，身体的舒适是远远不够的，精神上的愉悦才是他们追求的目标。于是终日躲在暖洋洋屋子里的文人，某一天来了灵感，想出了一个极具文化内涵的消遣方式，即岁寒图。就是将某种图案分为九九八十一部分，冬至起每天抹上一个部分，图画成而春天到。元代就

九九消寒农历图
公历一九八三年岁次癸亥
正月大
二月小
三月大
四月小
五月小
六月大
七月小
八月小
九月大
十月小
十一月大
十二月大
五谷丰登
六畜兴旺
福
寿

有人以梅花作岁寒图案，共有八十一个花瓣，待梅花全部涂上色彩，那自然界的梅花也就绽放出花蕊来了。

苏城中艺圃曾经的主人姜实节也作岁寒图，只是形式已发生改变。这种岁寒图更具文人气息和笔墨技巧，清代毛奇龄《题姜实节岁寒图》诗咏道："雪里寻君续旧欢，金昌亭下重盘桓。相看多少萧条意，恰好题来是岁寒。""朔风吹雪满姑苏，浊酒倾来不用沽。松竹院过梅树下，与君同入岁寒图。"清陈维崧也有《菩萨蛮·吴门将归，为姜学在题岁寒图》："濒行不折阊门柳，殷勤只劝皋桥酒。笑指岁寒图，交情如不如？领君珍重意，树乃犹如此。题罢上归船，孤帆入暝烟。"这种具有游戏乐趣的岁寒图，颇受闺中女子的青睐，她们在每天的涂涂抹抹中，打发着寂寞的寒冬，期盼着踏青春游、园圃斗草的那一天快点到来。

还是古人说得好："绿蚁新醅酒，红泥小火炉。晚来天欲雪，能饮一杯无。"喝得微醺，尽管屋外的雨雪依旧不停，而你的身子是暖暖的，你的心是暖暖的，于是也就有了一个非常美好的夜晚。当然，这样的享受只限于富贵人家，普通人家取暖方式就简单多了，即在房中摆放两三个炭火盆，以增加室中的热量。酷寒之际，手足冰冷时，在脚炉（也称脚婆）中放入炭火，上面覆盖一层木炭灰，置于椅子或睡床前，将脚放置其上取暖。俗话说"足寒伤心"，所以再冷也不能寒足。范成大就写过一首《戏赠脚婆》诗："日满东窗照被堆，宿窗犹自暖如煨。尺三汗脚君休笑，曾踏靴霜待漏来。"

除了脚炉还有手炉。无论哪种取暖方式，都离不开炭墼。通常在炉内四周放草木灰、炭灰，中间放烧红的炭墼。若是供多人围炉取暖的陶制火缸，中间须摆放三只品字形或四只田字形炭墼。而铜制的脚炉、手炉中，一般放一只炭墼即可取暖数小时。炭墼作为燃料，比起一般木炭来，不但烟少，而且可以根据需要做成不同形状，还可根据个人的喜好加入香料，燃烧过程中香气徐徐发出，飘满整个屋子，给围炉夜话的人们带来愉悦的心情。

# 霜叶红于二月花

每当霜降，枫叶由绿逐渐变黄，随着气温一再降低，叶子由黄而变为赤，颜色鲜明、亮丽，故而称之丹枫，又名灵枫。枫叶霜愈重、色愈浓的品格，是文人士大夫十分看重的。

苏州城西的天平山为诸山枫林最胜处，当夕阳停在山头，纵目望去，铺锦列绣，仿佛缤纷的海底世界。清代沈朝初有《忆江南》，“苏州好，船泛洞庭秋。一片枫林围翠嶂，几家楼阁叠丹丘。仿佛到瀛洲”，说得一点也不夸张。天平山最著名的枫树品种，俗称九枝红，“在三太师坟者”。三太师坟，指范仲淹墓，在天平山麓。之所以称其三太师，因“葬赠太师徐国公梦龄、赠太师唐国公赞时、赠太师周国公墉。坟前大枫九枝，非花斗妆，不春争色，远近枫林，无出其右”（清代顾禄《清嘉录》卷十）。清人朱彝尊有《天平山谒范文正公祠》诗咏道：“范公祠屋此山中，石笋抽萌万笏同。遗像依然穷塞主，义田不改旧家风。归来散绢三千匹，没后题碑四五通。今睹天书银牓在，年年秋色照丹枫。”并自注说：“康熙四十四年御书‘济时良相’扁悬诸南檐祠，有老枫三十本。”

为此，苏人赏枫选择天平山的居多，也就形成了一年一度天平山赏枫叶的岁时风俗。游者往往雇山轿，以替足力。清代蔡云《吴歈百绝》咏道：“赏菊山塘尚胜游，一年游兴尽于秋。天平十月看枫约，只合诗人坐

天平御碑亭位于天平山枫林南侧，又名御书亭。亭始建于唐，始称长生亭，后设乾隆御书碑刻而更名御碑亭。『文革』期间遭破坏，后由香山帮工匠修复

竹兜。”清代人李果赏天平山枫叶之后，作《天平山看枫叶记》，字里行间无不充满诗情画意，就让我们在游记里来一次穿越，体验一叶小舟游历片片红叶点缀下别样风情的天平山。天平山，为李先生旧游之地，泛舟从木渎下沙河约北去四里，小溪萦纡，至水尽处登岸，穿田塍行，只见茅舍鸡犬，遥带村落。纵目鸡笼诸山，枫林远近，红叶杂于松际。四山皆松栝杉榆，唯此处独多枫树，霜降后则叶尽赤。李先生去的那天，天气微暖，霜未着树，所以红叶参差，颜色明丽，甚为可爱。历咒钵庵，过范仲淹墓，岩壑溢秀，楼阁涨彩。折而北，经白云寺，憩泉上，升阁以望，则天平山色峻嶒，疏松出檐楯，一阵凉风吹过，如琴声悠扬，又似海涛鸣响。有人吹笛度曲，其声流于林籁。此情此景，令李先生感慨道：“境之所涉，情与俱适，不自知其乐之何以生地。”

右图：『天平红枫甲天下』，每值金秋，观赏游客便络绎不绝
左图：《高义园》选自乾隆《南巡盛典》

周瘦鹃先生认为，苏州秋游有四个节目是必须要看的：中秋游虎丘兼泛七里山塘为第一个节目，农历八月十八夜石湖串月为第二个节目，重九登高为第三个节目，第四个节目就是天平山看枫。周先生在《天平山看枫》一文中说，杜牧的《山行》诗“远上寒山石径斜，白云生处有人家。停车坐爱枫林晚，霜叶红于二月花”，道尽了枫叶之美。枫叶须经霜而红，红而始美，因此看枫须等到秋深霜降之后，太早则叶犹未红，太晚则叶已凋落，大约须在农历十月间吧。周先生也对“九枝红”赞不绝口：“在‘万笏朝天’一带三太师坟前，有大枫九株，俗呼九枝红，因为那枫叶经霜之后，一片殷红，有如珊瑚灼海。而昔人称颂枫叶，说是‘百花斗妆，不争春色’，真是再贴切也没有了。”有人说“寒霜羞得红枫落，道是无情却有情”，的确如此。

周先生还以为，天平山不失为苏州一座最好的大山，来此光赏枫叶是远远不够的，而粗粗领略，往往也不易见到它的好处。如“万笏朝天”一带的石笋，就是绝无仅有的。而一线天以上，全是层层叠叠的奇峰怪石，一路饱看山色，消受不尽。加上深秋十月，经过了红艳的枫叶一番渲染，天平山真如天开图画一般。是啊，天平山的枫叶与怪石、清泉，自古有“三绝”的美誉。

天平山的枫树有三百余株，以高大著称，叶呈三角形，俗称三角枫，是枫树中的名品。据说是范仲淹的第十七世孙范允临，在明万历年间从福建带回幼苗种植的，现已历经四百余年的风霜洗礼。作为我国四大赏枫胜地之一，既有山水之胜又有人文情怀的天平山，较之北京香山、南京栖霞山、长沙岳麓山显得更为突出，于是有了“天平红枫甲天下”之说。

若于半山腰的望枫台观赏，近年来种植的两千多株红枫幼苗，与高大的老枫树错落有致地点缀山间，片片红叶与银杏树、榉树的点点黄叶交相辉映，似红霞缭绕，层层叠叠，呈现出千姿百态、千娇百媚、万红千黄的绚烂画面。当夕阳西下，漫步池塘边，淡淡的余辉洒向水面，也笼罩着红叶，小而秀丽的一两枝倒映水中，随涟漪一荡一漾，时而清晰，时而模糊，望着望着，仿佛被催眠了一般，迷离、梦幻起来，自己宛如就是这幅画中的主角；想着想着，越发地沉迷其中，不能自拔。此刻不管是画中人还是赏画人，统统都是醉人。

天平山的枫叶固然很美，而分布在苏州周边山里的枫叶也是令人赏心悦目。如香山北麓有小叶枫，《香山小志》中俗呼小朱杨，据说现在仍有。又如李根源《吴郡西山访古记》中说“经顾塔村，顾塔枫极鲜艳，以乌桕、雀梅为最”。再如“常熟吾谷，霜后丹枫，望若锦绣，骚人韵士，往往觞咏其下”（清代徐崧、张大纯《百城烟水》）。另外，吴江还有一种“枫似白杨，叶作三脊，霜时色丹，故有‘枫落吴江冷’之句”，《吴县志》并未记录游赏之处，也就无从说起了。

如今，天平山依然是赏枫佳处，自二十世纪九十年代始，景区每年秋天如期举办红枫节。然而，枫叶再美也终究只是苏州岁时风俗中的一位匆匆过客，当一夜强劲的西北风吹过，红叶纷纷飘散，铺满山径，树上也就所剩无几了。拿周瘦鹃先生的话说，“春光固然易老，秋光也是不肯久留的”。

# 冬春米，可见农家真精明

吃饭之事，自古以来就是头等大事。关于冬舂米，南宋范成大《腊月村田乐府十首》之《冬舂行》写道："腊中储蓄百事利，第一先舂年计米。群呼步碓满门庭，运杵成风雷动地。筛匀箕健无粞糠，百斛只费三日忙。齐头圆洁箭子长，隔篱耀日雪生光。土仓瓦龛分盖藏，不蠹不腐常新香。去年薄收饭不足，今年顿顿炊白玉。春耕有种夏有粮，接到明年秋刈熟。邻叟来观还叹嗟，贫人一饱不可赊。官租私债纷如麻，有米冬舂能几家。"这首诗再现了冬舂米的全过程，并且对当时的社会现象做了深刻的反映。并自注说："腊日舂米，为一岁计，多聚杵臼，尽腊中毕事，藏之土瓦仓中，经年不坏，谓之冬舂米。"

东汉梁鸿与孟光夫妇曾避祸来到吴国，换姓改名寄居在阊门内皋桥旁的皋伯通居所庑下，以替人舂米为生。舂米虽辛苦，但每天回家用餐，妻子都将饭菜恭恭敬敬地举至头顶送到梁鸿面前。皋伯通见了心中诧异：一个舂米之人，能得其妻如此对待，绝非等闲之辈。从此他们夫妻相敬的故事被传为佳话，"举案齐眉"的成语，流传至今。清代姚承绪《吴趋访古录》之《皋桥》诗咏道："梁孟志偕隐，凭舂非所耻。独异受佣者，能以只眼视。定交杵臼间，风尘出佳士。藉非伯通知，埋名长已矣。空致五噫叹，谁为一廛倚。纵令眉案齐，更无足音企。至今皋桥月，

宋元舂米图一 砖画

流照遍吴市。不有贤主人，安识隐君子。”

每年腊月，农事基本结束，农人将辛苦一年收获的稻谷舂好储蓄，以备来年食用，叫作冬舂米。整个舂米过程，是最热闹也是农人最开心的时候。严冬岁晚，人语聚廊庑，碓声振场圃。农人将碓过的谷再通过砻碾、筛播、箕扬、帚扫、斗斛升量等工序之后，洁白的大米就呈现在面前了。清代袁学澜有《冬舂米》诗：“残腊宜盖藏，田家急舂米。林间村碓动，乐岁农心喜。簸扬云秕糠，百斛堆云子。月明杵臼喧，人语乱无底。争夸足谷翁，囷廪高可指。土灶新饭香，茅屋炊烟起。”此时天寒地冻，若有亲朋上门，泡上一碗热气腾腾的炒米汤送到客人手中，佐以酱姜一小碟，最是暖老温贫之物。霜晨雪早，做碎米饼，煮糊涂粥，双手捧碗，缩颈而啜之，周身俱暖，真有靠田园、长子孙的气象。逢到丰收之年，家家舂米的热闹景象，就如明代邝璠《题农务女红之图》之《舂碓竹枝词》说的那样：“大熟之年处处同，田家米臼弗停舂。行到前村并后巷，只闻筛簸闹丛丛。”舂米时节，常常有负杵佣舂者登门寻问，谁家如有需求，立即雇佣。雇佣之家，通常为地多而劳力少的富有人家。普通农家都自家舂米，所以家里的妇女、童仆，都要学习舂、揄、揉、簸等事，舂米时全家上阵。

“木公鸡，啄白米，啄来啄去啄不起。”这首童谣说的就是舂米时的米碓子，形象而生动。米碓子是一种脚踏式舂米工具：碓身长约两

宋元舂米图二 砖画

米；舂杵嵌在一块粗大的方形木头上；碓头对准地上的石臼，碓的尾部有一凹坑；前面有扶手，两边有踏板；踏板上方有个吊环，可供舂米人手抓。舂米时，单脚站在碓尾上用力下踩，碓头即高高翘起；一松脚，碓头重重落下，舂杵就冲进装着稻谷的石臼中；一下、二下、三下……直到稻壳与米粒分离。想当年，梁鸿和孟光，是否一个踩踏、一个翻米？夫妻俩齐心协力，碓子再重又何妨。咚、咚、咚，一声声沉闷有力而节奏均匀的舂米声响起，意味着来年吃饭问题得到解决，这是农人最大的幸福和满足，也是对农家辛苦劳作一年最好的回报。清代郭麐《冬舂米乐府》咏道："东家稻堆高并屋，西家砻场如切玉。长腰洁白荔枝红，明年之米今年舂。前年仅足供官庾，夜夜空囤啮饥鼠。去年米贵官征钱，半粜新谷过残年。雄鸡胶胶雌粥粥，有米冬舂一生足。"

那么舂米为何选在腊月呢？据说腊月舂米，米坚实不易碎，故消耗少；春天一到，稻米开始发芽，这时舂米，多为碎粞。这是农人在长期劳作中得出的宝贵经验。那么白米要如何放置才能经久不坏呢？宋元间，人们将舂好的米藏于土瓦瓮中；明时，若米多用藁囤贮存，据说能使米经久不被蛀坏；清时，土瓦瓮之制已废，贫家米少用藁囤保存，富家米多则贮于粮仓之中。舂好的米分四糙白与发极黄等名。杵得又多又好的米，称四糙白；杵得少而粗、入囤七日即发黄的，称为发极黄。

太平之乱之前，阊门内外商贾发达，市廛繁盛，依河而设的各式商行密密麻麻，其中有一家规模很大且非常有名的米行，就是包天笑父亲的外祖吴炳斋开办的，故而包天笑从小对米就颇有见识。他在《衣食住行的百年变迁》中说，苏州人脱离母乳后，即以稻米为主食，一日三餐，或粥或饭。米有不同的名称，有黄白之分。黄米与白米相对而言，呈淡黄色，与白米属于同种，只不过加工不同而已。黄米具有柔和、易消化的特点，"厫心"是黄米中的极品。民国时期，苏城中上等人家都吃黄米；而体力劳动者多吃白米，据说耐饥。但是到了十九世纪末，大家都统一吃白米了。

《腊八粥》 李涵绘

中国佛教徒为纪念释迦牟尼成佛，以米和果物煮粥供佛，所煮粥称腊八粥，也称佛粥

# 腊八粥，善良与祝福同行

农历十二月初八，吃腊八粥。《荆楚岁时记》说："十二月初八日为腊日。"《魏台访议》说："汉以戌腊，魏以丑腊。"然而"腊"不一定就指初八。《西域诸国志》就说："天竺国，以十月十六日为腊。"而《唐书·历志》则以十二月为腊月，故而初八称腊八。北宋孟元老《东京梦华录》也说："十二月初八日，诸僧寺送七宝五味粥于门徒斗饮，谓之腊八粥。"

腊八粥起源于佛教，与释迦牟尼成佛有关。相传，在古印度北部，即今天的尼泊尔南部，迦毗罗卫国有净饭王，他有个儿子叫乔答摩悉达多。乔答摩悉达多年轻时就深感人世间生老病死的各种苦痛，发觉社会生活徒劳无益，并对婆罗门教的神权极为不满，于是他在十九岁那年的四月初八诞日夜半，放弃王族的奢华生活，前往雪山。苦行期间，他饿得骨瘦如柴，奄奄一息之际，想要放弃苦行，这时遇见一位牧女送他乳糜，食后体力逐渐恢复，端坐在菩提树下沉思，于十二月初八彻悟成佛。由于他是释迦族人，后来佛教徒们尊称他为释迦牟尼，即释迦族圣人的意思。

中国佛教徒为纪念此事，以米和坚果等煮粥供佛。因唐代以十二月为腊月，故将十二月初八称为腊八，所煮之粥称腊八粥，也称佛粥。《百丈清规》卷二记道："腊月八日，恭遇本师释迦如来大和尚成道之辰，率比丘众，严备香花灯烛茶果珍羞，以申供养。”明代陈耀文《天中记》则说：“宋时东京十二月初五，都城诸大寺作浴佛会，并送七宝五味粥，谓之腊八粥。《譬喻经》谓诸谷米、果煮粥，取逼邪、祛寒、却疾病。”

苏州寺院也不例外，僧人以乳蕈、胡桃、百合等，煮五味粥，馈送门徒，以为节物。寻常百姓则以苹果杂煮，和以莲实枣栗，以品种多为胜。清代袁学澜《姑苏竹枝词》咏道：“入秋无蚩慰村农，欲发西风宿雾浓。腊八林间喧粥鼓，年丰新米足冬春。”又佚名者《姑苏四季竹枝词》有《腊八粥》一首，咏道：“霜降牵连五九风，粥名腊八菜名冬。调和百果成佳味，有碗先盛曝背翁。”

关于苏州腊月初八施粥情景，三国蜀汉李福所作《腊八粥》诗，将腊八粥的来龙去脉一一道来，咏道：“腊月八日粥，传自梵王国。七宝美调和，五味香糁入。用以供伊蒲，藉之作功德。僧尼多好事，踵事增华饰。此风未汰除，歉岁尚沿袭。今晨或馈遗，啜之不能食。吾家住城南，饥民两寺集。男女叫号喧，老少街衢塞。失足命须臾，当风肤迸裂。怯者蒙面走，一路吞声泣。问尔泣何为，答言我无得。此景亲见之，令我心凄恻。荒政十有二，蠲赈最下策。悭囊未易破，胥吏弊何极。所以经费难，安能按户给。吾佛好施舍，君子贵周急。愿言借粟多，苍生免菜色。此志虚莫偿，嗟叹复何益。安得布地金，凭仗大慈力。眷焉对是粥，跂望蒸民粒。”诗中所说两寺，指开元寺和瑞光寺，每到寒冬腊月官方设施粥厂于此，救济贫民。

除了寺院于腊八日施腊八粥，吴郡三邑都有施粥厂，通常设在六城门的诸寺院中。每年自农历十月十五起至十二月止，这期间的每天清晨，施粥厂的工作人员将煮好的粥，分发给城中的贫民或以乞讨为生的人。施粥的对象，是有规定的，相关部门派人先期挨户做调查，发给补助对象以票据，或以竹筹为凭据。施米的，凭票至指定米铺领取；施粥的，凭

灵岩寺佛事 摄于一九六〇年

筹至施粥厂领取。施粥厂所用米，来自各方官绅富户的捐赠，然后将捐米汇集至厂所，由称为董事的人负责所有事务。城内外各善堂也有施粥的善举。每当破晓霜浓，男妇老弱，错杂拥挤，蚁聚蜂屯，喧声潮涌，以谋一饱，至日上三竿而散。然而此举，显然治标不治本，清代朱彝尊曾题一联于粥厂，其内容意味深长："同是肚皮，饱者不知饥者苦；一般面目，得时休笑失时人。"

吴人又有腊月二十五，以赤豆杂米煮粥，或煮赤豆作糜，一家大小同食的习俗。无论襁褓小儿，还是猫犬之属，如有远出未归的，也要留一腊月初八，苏州的寺院、居士林，乃至信佛人家，皆有施粥善举。古往今来，这一风俗绵延不绝，如今苏州西园等佛教场所腊八节广开粥场，市民们排队领粥，祈愿安康

口。这种不分男女、长幼、猫犬等，人人一口的粥，称之口数粥。二十四夜，须早早就寝，据说有疫鬼行瘟，所以要安静避之。民间认为，腊月二十五，是玉帝下凡的日子，为迎玉帝，凡间一定要做口数粥。据南朝梁宗懔《荆楚岁时记》称："共工氏有不才子，以冬至日死，为疫鬼，畏赤小豆，故冬至作粥以禳之。"南朝时还有以豆粥祠门户的，因为门户可阻挡一切瘟气于外，人们以此祈求全家安康。

南宋范成大认为，口数粥便是由正月望日祭门之俗转化而来，他的《腊月村田乐府十首》之《口数粥行》写道："家家腊月二十五，淅米如珠和豆煮。大杓輮铛分口数，疫鬼闻香走无处。锼姜屑桂浇蔗糖，滑甘无比胜黄粱。全家团栾罢晚饭，在远行人亦留分。褓中孩子强教尝，馀波遍沾获与臧。新元协气调玉烛，天行已过来万福。物无疵疠年谷熟，长向腊残分豆粥。"此俗至清代依旧流行，袁学澜《吴郡岁华纪丽》卷十二就有《口数粥》及《口数粥行》诗。

赤豆，被古人认为有神奇的避瘟驱疫作用。《齐民要术》卷二引《杂阴阳书》说："正月七日，男吞赤豆七粒，女吞十四粒，令疫病不相染。"南宋陈藻《平江腊月二十五夜》诗有"今宵洗豆俗为糜"之句。可见，赤豆粥确实为人们所喜爱，尤其对于茹素的僧人来说，豆粥无疑是既营养又美味的食物。宋僧惠洪《豆粥》诗就有"出碓新粳明玉粒，落丛小豆枫叶赤。井花洗粳勿去箕，沙瓶煮豆须弥日"之咏。总之，在寒冷的冬天，经常喝些五谷杂粮粥，或以性平味甘的赤豆煮粥来吃，营养全面又暖身，如今看来，此举也颇具科学养生之道。

近年，苏州各大寺院除了以自制腊八粥供佛，同时也有相当一部分寺院，遵循"腊八佛粥送门徒"的旧俗，向公众免费施粥。届时，寺院门前便出现难得一见的长龙。

# 冬至大如年

苏州人过冬至节，是颇为隆重的，俗称“冬至大如年”。南宋范成大《吴郡志》有“俗重冬至，而略岁节”之说。另有《冬至》词写道：“寒谷春生，熏叶气、玉筒吹谷。新阳后，便占新岁，吉云清穆。休把心情关药里，但逢节序添诗轴。笑强颜风物岂非痴，终非俗。清昼永，佳眠熟；门外事，何时足？且团圞同社，笑歌相属。着意调停云露酿，从头检举梅花曲。纵不能将醉作生涯，休拘束。”冬至节的前夜，即冬至夜，家家户户团聚一起，吃冬至夜饭。

吃冬至夜饭，相传其俗起自张士诚。张谓冬至不宜当日宴贺，宜先一日置酒高会，乃得迎阳。民间从此因循成俗，一直延续至今。冬至夜设筵饮酒，其酒称为节酒或分冬酒，也称冬阳酒。冬阳酒由酱园特制售客，因是以黄酒加糖浆制成，故为甜酒，儿童们争相饮之，结果一只只小脸蛋红扑扑的，憨态可掬，着实惹人怜爱。为此，清代金孟远《吴门新竹枝》咏道：“冬阳酒味色香甜，团坐围炉炙小鲜。今夜泥郎须一醉，笑言冬至大如年。”因为吃冬至夜饭有合家团圆之意，所以嫁出去的女儿这天必须待在夫家团聚。

冬至，通常在阳历十二月二十二日前后，“阴极之至”、“阳气始至”、“日行南至”，故又称“至节”。此时北半球白天最短，夜间最长；过了冬至，白天就会一天天变长，阳气回升，是一个节气循环的开始。冬

《冬酿酒》 李涵绘

冬至夜设筵饮酒，其酒称为节酒或分冬酒，也称冬阳酒。现俗呼为「冬酿酒」

至节，在我国一直都是个隆重的日子，周代就有冬至日郊祀祭天的记载。又因为周历的正月是夏历的十一月，因此，周代拜岁和贺冬并没有区别，一直到汉武帝采用夏历后，才把元旦和冬至分开，也就是说，冬至过节源于汉代。当时过“冬节”，官府要举行祝贺仪式，称为“贺冬”；朝廷上下例行放假，军队待命，边塞闭关，商旅停业；亲友相互拜访，各以美食相赠，欢乐地过一个“安身静体”的节日。北宋孟元老《东京梦华录·冬至》称：“十一月冬至，京师最重此节，虽至贫者，一年之间，积累假借，至此日更易新衣，备办饮食，享祀先祖。官放关扑，庆贺往来，一如年节。”

冬至正处于秋收以后，对于农人来说，一年农事基本完毕，人们刚好趁着冬至节庆贺一番：一来拜神祭祖，感谢一年来神灵祖先的护佑；二来全家吃顿团圆饭，犒劳一下。所以吴俗有冬至夜“有钱人吃一夜，无钱人冻一夜”之说。清代徐士鋐《吴中竹枝词》咏道：“相传冬至大如年，贺节纷纷衣帽鲜。毕竟勾吴风俗美，家家幼小拜尊前。”苏人多重冬至节，称之肥冬瘦年；亲朋好友之间，则各以食物相馈赠，俗称送冬至盘。清代蔡云《吴歈百绝》咏道：“有几人家挂喜神，匆匆拜节趁清晨。冬肥年瘦生分别，尚袭姬家建子春。”有趣的是，有的人家送出的冬至盘，竟然几经转送又被他人送了回来。此种现象，与现今有着惊人的相似之处。南宋颜度《冬至节》就说：“至节家家讲物仪，迎来送去费心机。脚钱尽处浑闲事，原物多时却再归。”然而这又何妨，过年过节，不就图个热闹喜庆吗？

冬至节前，苏州人家要磨粉制团，故而里巷间磨声不绝。以糖果、肉菜、豆沙、萝卜丝等物为馅，制成圆形，寓意为圆满、团圆，名为冬至团。冬至团有大小之分：大者俗称稻窠团，冬至夜祭先祖用；小而无馅者称粉团，冬至早晨供神用。蔡云《吴歈百绝》有“大小团圆两番供，殷雷初听磨声旋”之咏。

到了清代，普通人家吃冬至夜饭时，餐桌上已少不了暖锅了。筵中皆用冰盆，或八，或十二，或十六，中央则置铜锡之锅，就是暖锅，杂投食物于其中而烹之。其实在整个隆冬季节都十分适宜吃暖锅，亲友、家人围着暖锅或饮或吃，或拣或舀，或忙着往锅中投放各种菜食，鱼肉虾菜，集成一炉，边煮边吃，热气腾腾，酣畅淋漓。在温馨喜气的氛围里，殷勤请吃，其乐融融，热闹的同时又能感受到春天般温暖的气息。清代潘际云《咏暖锅》写道："下箸汤如沸，当筵气似春。热中虽有味，炙手本难亲。药鼎同添水，茶铛共拾薪。莫嗤温饱食，本是饮冰人。"可见，苏州人对暖锅十分称赏。

暖锅，即火锅，通常用紫铜或导热性最强的黄铜制成，其历史悠久。称之为火锅，形象生动，即底部有火，上面有锅。旧时，人们风趣地把暖锅称之为边炉、仆憎。顾名思义，边炉是指放在餐桌边可当炉灶烹烧的，仆憎即仆人因无法窃食而心生憎恨的东西。吃暖锅的形式一般分作三类：第一类，锅内放淡汤，以涮生肉片为主，沾料另放碟内，最常见的是涮羊肉；第二类，是把已烧好的食物放入锅内，锅下炉火不必旺盛，只需维持一定温度，保温即可；第三类，锅内配好咸淡适中的汤料，汤沸后放入各自想吃的食材，吃什么放什么，吃多少放多少。这第三类百味杂陈的"什锦火锅"比较受欢迎，更能体现火锅与众不同的优势来。

迄今为止，暖锅不仅是冬日里最受欢迎的炊具，甚至炎炎夏日，挥汗吃暖锅的也大有人在，只是形制改进了，燃料也变化了。与原来一大桌人围着一只大暖锅相比，现在还有更加卫生和方便的一人一锅。旧时"正宗"的铜制烧炭的暖锅，也已不见了踪影，取而代之的，是用电的，用煤气的，用酒精的，用可燃冰的，固然干净卫生了，但也失去了木炭燃烧过程中的烟火气，失去了炉中摇曳的红光，故也失去了寒冬里那春天般暖融融的气氛。

# 送灶君，请把我的爱上奏天庭

灶神，又称灶君、灶王、东厨司命等，苏州人俗称灶界老爷，为各家所供奉的家神。灶神起源很早，它和土地、井、门户、道路等一样，成为自然崇拜的神祇之一，并进入国家祀典。

在汉代以前，灶神之祀有两种说法：一是祀火神，乃据灶的自然属性，即以火烧食物熟；二是报先饮之德，为老妇人之祭。汉代以后，灶神的职责起了变化，主要不是执掌饮食，而是执掌人的寿夭祸福。灶神以玉帝派驻下方全权监察代表的身份，成为各家各户的主要家神，从而理所应当地成为“一家之主”。他的主要任务是了解凡间人性善恶，每年上天汇报工作一次，玉帝以此作为赏善罚恶的依据。最初的灶神都由火神演变而来，之后两者才区分开来，各自成为独立的个体。通过变化发展，人们不断地寄予灶神丰富的想象，终于使他成为了鲜活的社会角色，甚至与发财致富联系在一起。这种行为，最早见于东汉，据说汉宣帝神爵年间，有个叫阴子方的人，腊月初八晨起做饭，见灶神忽然现身，连忙用家里的一只黄羊（一说黄狗）来祭祀灶神。不料，他一夜暴富，从此交了好运。于是，人们纷纷仿效，掀起了以黄羊祭灶神的热潮。

随着这种民间信仰日益普遍而深入，唐宋以来，更出现有趣的变化。因为灶神最贴近人们的日常生活，能明察男女老幼的一举一动、人

木刻《送灶神》

性善恶，所以怕灶神上天打小报告，同时也为使灶神多为自家谋福利，不少百姓终生小心谨慎，安分守己。时间久了，人们发现，真诚敬重灶神的穷人，贫困的生活并未得到改善，而祭品较多的富人，却越过越富裕。于是人们相信灶神也可以“行贿”买通，所以祭灶的祭品种类越来越多。

吴地祭灶的祭品通常以荤食为主，南宋范成大的《祭灶词》，就很能说明问题：“古传腊月二十四，灶君朝天欲言事。云车风马小留连，家

有杯盘丰典祀。猪头烂热双鱼鲜，豆沙甘松粉饵团。男儿酌献女儿避，酹酒烧钱灶君喜。婢子斗争君莫闻，猫犬触秽君莫嗔。送君醉饱登天门，杓长杓短勿复云，乞取利市归来分。”人们以猪头、鱼和豆馅粉团等祭品祭灶神，家里由男人出面，酹酒烧钱讨得灶神欢喜。而女性不得参与其中，这样，平日里女人和孩子犯下的小过小错，灶神就不好意思计较。人们希望灶神在酒醉饭饱后，上天庭报喜不报忧，把那些小过错都忘记了；同时还请求灶神顺便带点福利回来，大家一起分享。

清代之后，则大多流行素食祭灶，说是以佛教、道教礼仪来对待灶神。苏州人家有一种特别的食物，用饧糖做成元宝形，称之“糖元宝”，也叫“胶牙饧”。据说以此祀灶神，并涂其口，用糖粘住灶神的嘴，使其只说好话不说坏话。还要搓粉做团裹豆沙馅，叫谢灶团。清代袁学澜《姑苏竹枝词》称：“媚灶黄羊漫乞灵，花饧粉饵祭传经。杯盘迎送年头尾，独有厨神醉不醒。”有些地区祭灶分两天进行，农历十二月二十三夜祭荤灶，二十四夜祭素灶。

祭灶有两个步骤，送灶和接灶。送灶时间有腊月二十三夜，也有二十四夜的，即所谓的“官三民四”。也有人说灶神来回共需七日，所以月大为二十四，月小为二十三。还有人说，娼妓之家为腊月二十五送灶。有谚道“七颠八倒，廿五送灶”，据说因为她们的职业见不得人，为隐瞒玉皇大帝，所以过了腊月二十四这个“上天汇报日”再祭灶，省得难为灶神。苏州的甪直、昆山等地，白天扫尘、晚上祭灶；张家港则于腊月望日后择日送灶，于除夕接灶。

旧时，苏州人家灶头上的灶墙高处、烟囱前面，一般都有一个半亭状的神龛，平日供着纸马（也称灶马）“灶界老爷”。考究一点的是木制的灶君神位，与祠堂里的祖先牌位相似，红框绿底，飞金楷书“东厨司命灶君神位”八字。神龛前檐垂着竹帘，檐角挂着纸锭，神龛前供有香炉蜡钎。祭灶活动，普通人家在灶间进行，而大户人家则在大厅里。祭灶开始，首先由僧尼分贻檀越灶经，然后填写姓氏，焚化禳灾。接下来将主角灶马请进神舆（神舆，也叫善富，是将旧灯架用竹筷串起，糊上红纸或刷上朱漆），连同冬青柏枝、灯挂挂锭（灯挂即盛油的架子，也叫灯檠，是乡人用竹子削成的。灯挂必须成双，相传灯盘底部凹的为雌，凸的为雄。挂锭，用锡纸糊成，间以彩牌方段，玲珑一串）、灶经等一起送到门外焚烧，灶神即刻上天。同时儿童将柴和豆撒于空中，俗呼“马料豆”，说是喂神马的饲料；据说人若将剩余的吃了，能令眼亮。随着爆竹一声声响起，伴着冬青柏枝和神轿竹节的噼啪声，和着人们“灶界老爷上天哉”、“辛甘臭辣，灶君莫言”等喊声，送灶活动达到高潮。然后将未燃尽的挂灯竹节等夹入灶膛中，称接元宝。再以酒糟涂抹灶户，称醉司命。

人们讨好灶神之心虔诚，清代沈朝初《忆江南》咏道：“苏州好，腊尽火盆红。玉屑饧糖成锭脆，紫花香豆著皮松。媚灶最精工。”自注道：“腊月念四日送灶，锭糖、炒豆，奉之极诚。”据说天界并不光听灶神汇报，还要另派神来复核，所以在送完灶神后的第二天，无论男女都持斋，以示敬意。

送上天的灶神是要接回来的，接灶日为正月初三。接灶时，供灶神于神龛内，燃烛焚香，祭以酒果糕饵，男主人衣冠整洁，跪拜接灶神。民国期间，接灶的日子改为除夕，送灶也提前了一天，即所谓“腊月二十三日去，新春初一五更来”。

由于灶神最贴近百姓生活，所以除了送灶、接灶外，苏人还有一年之中数度祭祀灶神的习俗。而今，那种带有神龛、烧柴禾的老灶头逐渐被煤球炉、瓶装液化气、管道煤气、电磁炉等各种灶具替代，人们就此步入了科技发达的现代社会，灶神再没有了“立足之地”。

## 照田蚕，烧畲田，祈得来年五谷丰

农耕时代，以农事为本，农家更是将无旱无涝、无虫无害看得最重。五谷丰登、平安健康，是新一年最大的心愿，故而吴俗在年底除了欢庆本年的粮食丰收外，还要为来年的庄稼收获做些准备，主要表现在照田蚕、烧火盆以及烧畲田等民俗活动上。

照田蚕、烧火盆，其实是一种祈愿的活动。在宋代，照田蚕与烧火盆在同一天，南宋范成大《照田蚕词》小注说："与烧火盆同日，村落则以秃帚若麻秸竹枝辈燃火炬，缚长竿之杪以照田，烂然遍野，以祈丝谷。"词写道："乡村腊月二十五，长竿燃炬照南亩。近似云开森列星，远如风起飘流萤。今春雨雹茧丝少，秋日雷鸣稻堆小。侬家今夜火最明，的知新岁田蚕好。夜阑风焰西复东，此占最吉馀难同。不惟桑贱谷芃芃，仍更苎麻无节菜无虫。"

照田蚕，是将一些可燃之物缠绕在竹竿上，于夜间点燃置于田间。范成大词中描写了腊月二十五夜，农人在乡村田里插长竿，以秃帚、麻秸、竹条缚于竿首，燃为高炬。若夹以爆竹，则流星乱洒；再和以锣鼓，则喧闻四野。从初更开始，至深更，举火把视火色赤或白，据说色白主水，色赤主旱；火势猛烈为年丰，微弱则岁歉；取北风为上，也有取东北风为吉的。此举称照田蚕，又名烧田财，或烧田蚕，北方称照门庭。

元末明初，苏州照田蚕活动改为除夕夜进行，高启有《照田蚕词》："东村西村作除夕，高炬千竿照田赤。老人笑祝小儿歌，愿得宜蚕又宜麦。明星影乱千鸟惊，火光辟寒春已生。夜深燃罢归白屋，共说丰年真可卜。"旧时苏州城内也有农田，郊区更多，所以农人对于照田蚕从不怠慢，对其倾注了极大的热情。明中后期，照田蚕一度改在腊月二十四夜进行，并被王宠称之野烧，《腊月二十四夜观野烧二首》写道："山头野烧似星攒，赢得儿童动地欢。岁暮风烟江海思，越城桥畔一凭栏。千家燃火照田蚕，翠壁丹崖烛影含。旋喜春风催节序，不知身世老江潭。"诗中反映了王宠在石湖读书期间，亲眼所见、亲耳所闻的照田蚕画面，反映出农人期盼作物丰收、追求富裕生活的美好心愿。

至清代，照田蚕又于除夜进行，袁学澜《续咏姑苏竹枝词》称："照田列炬缚长竿，风雪凌兢岁欲阑。比户送穷喧爆竹，几家残岁献椒盘。"《苏州旧闻·晚清社会新闻图录》有则《吴中年景》，大致内容是说，有客人自姑苏来，跟他们谈除夕风景，知晓了去年收获颇丰，平民过年也有吃有喝，皆大欢喜。城厢内外，各家门前皆置一火盆，其中满积柴炭，燃之光焰熊熊，称之相暖热，此俗自古有之。某村落则于除夕夜高燃火炬，缚于长竿之末梢，遍照田土，一望无际，如同白昼，似万点明星掩映于田埂间。各铺合伙下乡催讨欠债的人，秉烛夜行时，忽遇此光明如昼，皆赞叹未曾见过。好事者上前打听其故，据乡野老人说，如此这般，相传能祈年谷丰稔。因为道光某年间，乡里曾有是举，后来果真年谷丰收，所以照田蚕风俗一直流传下来。

《丰年家庆图》明·佚名

有的地方则有上元夜以灯照来祈祷丰年的习俗，如浙江湖州的“烧田蚕”，上海嘉定的“照田蚕”，江苏武进的“照田财”以及胜浦农村的点田财等。苏州周边地区同样有照田蚕的习俗，以黎里、庵村为最盛。其他各村照田蚕的形式基本相似，只是时间略有不同。

烧火盆就是将可燃物置于盆中，点燃后放在家门口。晚清点石斋人记录的《吴中年景》中所说的相暖热，就是这种叫烧火盆的风俗活动。范成大《腊月村田乐府十首序》记道：“爆竹之夕，人家各又于门首燃薪满盆，无贫富皆尔，谓之相暖热。”并有《烧火盆行》咏道：“春前五日初更后，排门燃火如晴昼。大家薪干胜豆秸，小家带叶烧生柴。青烟满城天半白，栖鸟惊啼飞格磔。儿孙围坐犬鸡忙，邻曲欢笑遥相望。黄宫气应才两月，岁阴犹骄风栗烈。将迎阳艳作好春，政要火盆生暖热。”腊月二十五夜，烟腾闾巷，烂如霞布，家家门前的一盆盆火苗，在冬日的寒夜呈现出特别温暖的景象。邻里遥相欢笑，儿孙团团围坐，鸡犬脚边缠绕，惹得栖鸟惊飞，有道是“盆薪相伴待春回”，冬天虽然寒冷，然而人们一想到春天即将到来，心里都是暖洋洋的。

至明代，苏州烧火盆的习俗仍在腊月二十五夜进行；清代时，烧火盆改在除夕夜进行。各家燃火炉于门外，焰高者喜；或于门首架松柴，成井字形齐屋高，举火焚之。全家人要跨过火盆，据说能燎去一年灾晦之气，以迎新祥。这种祈愿活动不管灵不灵验，权当是田家一年忙到头的娱乐活动。而同时还有一种叫“烧畲田”的活动，虽有原始的刀耕火种的影子，却有“科学道理”存在其中。

苏州地区因多潮湿，夏天气温往往又很高，所以水稻病虫害也较多。每年冬季，田间到处是枯萎的稻根与野草，若此时放一把火将其燃为灰烬，那么草灰不仅能化作肥料，而且寄生其间的虫卵、虫蛹都会被烧死。这种耕种形式，被称为烧畲田。这是旧时农人可以想到和做到的

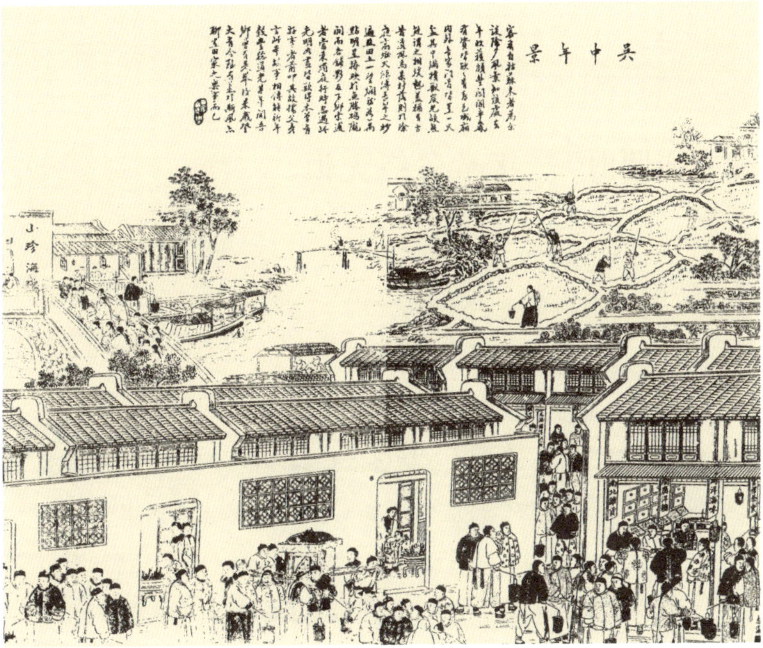


《吴中年景》选自《点石斋画报》

施肥和灭虫最简便也是最有效的方法之一。此举后来被认为污染环境，被科学种田法取代了。不过现在想想，以洒农药、施化肥这样的科学方法来治理农作物，其后果更加严重。

可以想见，在漆黑的夜里，照田蚕、烧火盆之时，乡村田野绚烂缤纷，街巷里弄火光烛天。若站在高高的吴山上望去，仿佛观看一场盛大的烟火表演，那一竿连一竿、一盆接一盆燃烧的火苗，形成一条条蜿蜒前进的火龙，与天空中的片片星光以及湖港河汊里的点点渔火，交相辉映，真分不清人间天上了。

# 除夕团圆时，一年辛劳终无悔

冬至一过，很快就到了除夕，一年就要结束，新的一年即将开始。终岁劳作，到了岁末，也该享用一番了，于是购办鱼肉鸡鸭，或烹或炒，或煎或熬，一家老幼欢欢喜喜地相聚在一起，吃一顿丰盛的年夜饭，共享天伦之乐，称之合家欢，也叫分岁筵。清代周宗泰《除夕》诗咏道："妻孥一室话团圞，鱼肉瓜茄杂果盘。下箸频教听谶语，家家家里合家欢。"

吃年夜饭之前，先要祭祖先、祭百神，即南宋陆游所说的家祭。苏州人家，对于家祭极其隆重，甚至有逢节必"过"的说法，通常一年有六次，即清明、端午、中元、下元、冬至、除夕，而除夕祭祀最为隆重。

祭祀完毕，年夜饭开席，上的第一道菜叫安乐菜。安乐菜有两种做法：一种是以风干茄蒂杂果蔬，就是清代蔡云《吴歈百绝》中说的："分岁筵开大小除，强将茄蒂入盘蔬。人生莫漫图安乐，利市偏争下箸初。"另一种"以风干茄蒂，缕切红萝卜丝，杂果蔬为羹"，也就是清代袁学澜《安乐菜》所说："冷淡家风不费钱，菜羹滋味乐终年。霜塍劚出连根煮，甜到千家饯岁筵。"茄，一名落苏，吴语"落"、"乐"同音，故以此作为安乐菜，有吉祥的寓意，讨个好口彩。

除夕是合家团圆之夜，家庭举宴，长幼咸集，袁学澜《分岁》词道出了一家吃团圆饭时的快乐心情，以及看到膝前儿孙的满足，同时也有感于时光催人老去的无奈："一年辛苦终宵乐，守岁筵陈劝杯酌。妻孥团坐叙天伦，旧例乡风不容略。闲庭爆竹积寒灰，几席唐花红艳开。腊雪照窗侵烛影，地炉火暖识春回。后饮屠苏年渐老，转觉光阴度草草。膝前已见满儿孙，童时犹记争梨枣。共话家常酒屡斟，醉眼朦胧入夜深。数声鸡唱林光晓，便有门前贺岁人。"

到了近代，吃年夜饭则另有讲究。普通人家用八盆一暖锅，两耳朵。两耳朵是什么？即大菜两碗。八盆之中，须用青菜、黄豆芽各一盆，称青菜为安乐菜，称黄豆芽为如意菜，取其形色，寓意为一年安乐，百事如意。饭桌上要多放匕匙，有预祝来年家中添丁之说。还要烧蛤蜊、蚶子等形状酷似元宝的菜。又要做肉圆、虾圆、鱼圆，取其大小团圆之意。饭中一定要和以大豆，因大豆像金豆，又于饭下碗底埋地栗（荸荠）二枚，类似金银宝藏藏而不露的意思。进餐时，每人点安息香二枝，取其终岁劳动，借此可以安然休息之意。吃到最后要剩些饭粒，意味着人人有

《祭祖》清·孙温绘

为了迎接除夕，每家每户都早早地做起了准备，图为一户苏州人家年夜饭前夕

余粮。取残肴余饭置于床下，以喂鼠。即使是贫困之家，也要略备菜肴数种，以备应时之需。

随着岁月的流逝，尽管餐桌上的菜肴有所变化，但那份浓浓的亲情却一点都没有改变。一家大小在吉祥话语中吃着丰盛的年夜饭，在欢乐而又喜庆的氛围里走进新的一年。

吃罢年夜饭，家家淘白米盛于竹箩中，再置红橘、乌菱、荸荠诸果及元宝糕，并插上松柏枝。松柏枝上挂铜钱、果子、历本等物，陈列于内室，至新年时取来吃，取有余粮之意，称为万年粮。又将除夕的剩饭盛起后，置果品于上，作为新年伊始的吃食，也取年年有余之意，苏人称为年饭或隔年饭。近人吴曼云《江乡节物词》咏道："红粮粒饱贮都篮，一洗空厨鳟釜惭。饭瓮好将如愿祝，明年耕食要馀三。"若将隔年饭施给乞丐，有去故取新之意。凡此种种，无不寄托人们对来年的美好祝愿。

一顿年夜饭看似简单，其实人们早早地就做起了准备。包天笑《衣食住行的百年变迁》中就说，通常从腊月初八吃了"腊八粥"之后，各个家庭就忙起来了。就年糕而言，有些大户人家，请了糕饼师傅到家里来做，还要做出许多花样来，如元宝形的分大元宝、小元宝，有黄糖制成的金元宝，有白糖制成的银元宝。至于糕团店置办好的年糕，则饰以彩色金花，以吸引顾客。年糕是家家必备的年货，除元宝糕外，大而方的年糕，俗称方头糕，以备年夜祀神、岁朝供祖先及馈赠亲友之用；狭而长的年糕，俗称条头糕，是旧时大户人家赏仆婢们的；稍阔些的，称为条半糕，这种黄白糕，在不同的节令能吃出不同的寓意来——二月初二为撑腰糕，三月初三为眼亮糕，四月十四为神仙糕，七月十五为豇豆糕，九月初九为重阳糕，年尾岁头敬神为顺风糕……苏州人的生活就是这么充满情趣，小小的一块糕，就能吃出这么多趣味来。

俗话说"远亲不如近邻"。在一年即将结束之际，里巷门墙之间的

《年夜饭》 李涵绘

除夕之夜，家庭举宴，长幼咸集，酌酒开筵，席间多作吉利语，名曰年夜饭，也称分岁筵，俗呼合家欢

苏州旧时过年贴的门神，多为桃花坞木刻年画。门神像为两人一对，后来常把这一对门神画成一文一武，寄托了劳动人民辟邪除灾、迎祥纳福的美好愿望

礼尚往来也是必不可少的，年节前家家以猪蹄、青鱼、果品等互相馈赠，此举不失为增进彼此感情的好方法，称为馈岁盘，俗呼送年盘。旧时，那几日仆妪成群，络绎道途。受盘之家，回赠的物品要稍稍多一点。不过，富裕人家是兴高采烈地你来我往，可穷人家呢，连饭都吃不上，哪里还有什么年盘可送、可赏？袁学澜《续咏苏州竹枝词》就这一现象做了描述，说："座供唐花富室宽，围炉轰饮不知寒。炊烟邻壁连朝断，风雪门无馈岁盘。"其实礼不在乎轻重多少，只是传递一种心意、一种祝福。俗话说，礼轻情意重。清代潘际云《馈岁》说得好，"门巷相连意气亲，送将微物亦情真"。

如今，随着城市中人住进一座座高楼大厦，这种邻里之情，也随之远了、淡了。反而是所剩无几的古镇乡村，依然保持着令都市人羡慕的原始纯朴的"金乡邻"关系。

# 卖痴呆，哪个儿郎愿傻戆？

所谓卖痴呆，就是在旧岁将去，新年将来之时，将自家的痴呆卖给别人而使自己变得聪明；如果叫卖时有人答应一声，“交易”就算成功，且不用付钱。卖痴呆以孩子唱歌奔走的形式进行，也就热闹一番而已。或许原本是大人们逗弄小孩的一句玩笑话，没想到小孩却当起了真，吃罢年夜饭便当街叫卖起来。不过，这一孩童戏闹的习俗在清代嘉庆之后，就消失了。

除夕，吃罢年夜饭，孩子们成群结队在街巷玩耍，玩着玩着，就唱起“卖痴呆”来：“卖痴呆，千贯卖汝痴，万贯卖汝呆，见卖尽多送，要赊随我来。”（南宋高德基《平江记事》）

关于卖痴呆，最早记录者大概是南宋范成大，他于淳熙十六年（1189）作《腊月村田乐府十首》，小序写道：“余归石湖，往来田家，得岁暮十事，采其语，各赋一诗，以识土风，号《村田乐府》。”卖痴呆就是十事之一，“其九卖痴呆词，分岁罢，小儿绕街呼叫云：‘卖汝痴，卖汝痴。’世传吴人多呆，故儿辈讳之，欲买其馀，益可笑”。并有《卖痴呆词》：“除夕更阑人不睡，厌禳钝滞迎新岁。小儿呼叫走长街，云有痴呆召人买。二物于人谁独无，就中吴侬仍有馀。巷南巷北卖不得，相逢大笑相揶揄。栎翁块坐重帘下，独要买添令问价。儿云翁买不须钱，奉赊痴呆了百年。”

吴人痴呆的说法由来已久，大概是由于吴人有自己的生活习性和文化心态，从而性格上与其他地方的人有着很大的差异，在外地人看来显得有点呆傻的样子。《说郛》卷三十八引南宋张仲文《白獭髓》说，范成大刚任参政官时，其同官听说他是苏州人，即称其呆子，范先生听了记在心里。后来同事聚会，有人索性直呼“请呆子”。范先生便说：“我是苏州监本呆，与爷上寿献棺材。宗室元来是皇族，雨下水从屋上来。”吴人的痴呆起先被人嘲笑，后来就用来自嘲，也就演变到叫卖起痴呆来。明代沈周有《赠史痴翁》：“吴人多痴呆，翁岂吴人传。翁云我吴产，此病知莫瘥。”另外明代唐寅也有《题丹阳景图》：“儒生作计太痴呆，业在毛锥与砚台。问字昔人皆载酒，写诗亦望买鱼来。”从苏州文人的诗中，可以看出吴人自己对于痴呆的态度。其实即便有人真认为吴人痴呆，吴人也不会计较，就如范先生似的一笑了之，这恐怕就是大智若愚的一种表现。

卖痴呆的风俗，宋元间最为流行。南宋人张侃有《田家岁晚》诗，元人洪希文有《卖痴呆》诗，宋末元初戴表元有《壬午六月八日书怀》诗等，都与之相关。明清时期，除夕孩子上街卖痴呆风俗已逐渐淡化，特别嘉庆之后，凡有提及卖痴呆的，大都只是作为一个典故。清代顾禄《清嘉录》卷十二就说：“又小儿绕街呼嗷云：‘卖汝痴，卖汝呆。’世传吴人多呆，故儿女辈戏欲卖之，今皆不传。”但袁学澜却写了一首《卖痴呆》：“智巧由来不足用，痴呆自古无人重。独笑吴侬呆性多，唤卖残冬取善颂。厌禳迟钝是耶非？卖去不得馀痴肥。栎翁问价相欢噱，聪明鞭莫转元机。君不见，有机心者有机事，抱翁偏高拙者志。痴聋惯作阿家翁，早慧儿童非远器。儿听翁言笑揶揄，谓翁真言愚公愚。明星有烂夜既永，且归洗酌醉屠苏。”清代汪仲鈖《元日》诗也谈到卖痴呆之事：“卖痴听彻比邻呼，兽炭犹红隔岁炉。除旧布新题郁垒，搀前落后酌屠苏。迎神繁礼灶前妾，却客诳词阍外奴。扰扰儿童复何事，骰盘争掷选官图。”

《孩童戏闹图》清·冷枚绘

卖痴呆，充满了童趣。在这种有些可笑的游戏中，可以看到孩童们对自己聪明的渴望，因为没有一个智商正常的孩子会承认自己是个笨小孩。

就在儿童的卖痴呆声中，妇女们也会抱镜出门，去偷听别人的话，而且以第一句为准。或闭目走七步，睁眼照镜，随其所照，以听人言，以此来占卜凶吉。这种行为称之镜听，俗称听响卜等，是古代汉族岁时民间的一种占卜风俗。最早的历史文献记载，大概是唐代王建的《镜听词》，有“重重摩挲嫁时镜，夫婿远行凭镜听”之句。明代田汝成《西湖游览志馀·熙朝乐事》说：“除夕，更深人静，或有祷灶请方，抱镜出门，窥听市人无意之言，以卜来岁休咎。”镜听之前，先焚香祈祷，再将勺置水中旋转，勺柄指向即出门后的走向。

如今的除夕夜，已无此充满童趣的“卖汝痴”了，也不见了抱镜出门去“窥听市人无意之言”的妇女了。如此，过年之际，似乎也就失去了这样的一些欢声笑语。

# 守岁守岁，岁岁平安

大年夜守岁的风俗，大概源自先秦的除夕夜击鼓迎神活动，即传说中驱逐疫鬼的仪式。苏州人吃完年夜饭，端上守岁盘，家人依旧团聚一起围炉欢饮，辛苦一年的人们继续以酒食酬劳自己，酌酒唱歌，共叙天伦乐事，通宵不睡，称之守岁。就如南宋袁文《瓮牖闲评》中所说，“守岁之事，虽近儿戏，然父子团圆，把酒笑歌，相与竟夕不眠，正人家所乐为也”。

除夕守岁，各地都有，且由来已久，唐代杜甫诗有“守岁阿戎家，椒盘初颂花”，宋代苏东坡诗有“欲唤阿咸来守岁，林鸟枥马门喧哗”等。守岁，蕴含守着岁星，祈愿岁岁平安的意思。南宋范成大《腊月村田乐府十首》之《分岁词》写道：“质明奉祠今古同，吴侬用昏盖土风。礼成废彻夜未艾，饮福之馀即分岁。地炉火软苍术香，饤盘果饵如蜂房。就中脆饧专节物，四座齿颊锵冰霜。小儿但喜新年至，头角长成添意气。老翁把杯心茫然，增年翻是减吾年。荆钗劝酒仍祝愿，但愿尊前且强健。君看今岁旧交亲，大有人无此杯分。老翁饮罢笑捻须，明朝重来醉屠苏。”自注道：“除夜祭其先竣事，长幼聚饮，祝颂而散，谓之分岁。”一年又将过去，这让年老多病的范成大心生感伤，思绪万千，写下《除夜感怀》，聊以自慰。

《镜听图轴》清·王素绘

若是老来独自于异地守岁，那又将是怎样的一种情怀？南宋方岳《深雪偶谈》记薛沂久客江湖，濒老怀归，客中作《守岁词》："一盘消夜江南东，吃栗看书只清坐。开到梅花料理我，一年心事，半生劳苦，尽向今宵过。此身本是山中住，才出山时原已错。手种青松应也大，缚茅深处，抱琴归去，又是明年话。"

如若除夕夜独自沦落在旅店守岁，那又将会是怎样的百无聊赖？难怪明代唐寅会做出恶作剧的事来。《唐伯虎全集》附录三《轶事》就记道："梁溪旧俗，元旦无春帖，第以双红笺著两门楣而已。唐先生尝薄游，岁暮驰归，抵梁溪，已除夕矣，遂不能复前。旅夜无赖，呼奚奴研隃糜斗许，为各题二句云：'闭门家里坐，祸从天下来。'一城几遍，诘朝门启，相与为神怪也。"大年夜客居旅店，闲得发慌，写上这两句"不吉利"的对联张贴到人家门上，真正无聊得很，也只有唐伯虎这等"风流"才子做得出来。

过了除夕，也就是新的一年了，成年之人，回顾一年来虚度的光阴，往往深感应当珍惜大好年华。"相邀守岁阿咸家，蜡炬传红映碧纱。三十六旬都浪过，偏从此夜惜年华。"（宋代席振起《守岁》）清代袁学澜也有同感，《守岁》诗咏道："椒花献春瑞，除夕人皆醉。不寐守寒灯，坐待新年至。小儿喜长成，逐伴堂前喜。老翁感衰颓，暗惜韶光异。悠悠年复年，无日无尘事。纵极一宵欢，难偿终岁累。流光真迅速，如电掣金蛇。停灯坐守岁，岁去仍难遮。即为终夕乐，所得能几何？东邻纵博闹，西舍传杯哗。家人酌酒劝，醉听更鼓挝。残宵看向尽，风帘烛影斜。盛年不容再，往日空蹉跎。长成添意气，只让儿童夸。"在这一年的最后时刻，是该好好总结一下过往，规划一下来年。

守岁之时，无忧无虑的就是孩子，上街卖完痴呆回来，于青灯下兴高采烈地玩着状元筹、升官图等游戏，就如清代蔡云《吴歈百绝》所咏："耍煞儿童十数天，夺魁入阁快争先。铮铮排户投琼响，关掷床头压岁钱。"大人将压岁钱和橘、荔等压岁果置于枕畔，小儿临睡时食之，取其

《守岁》李涵绘

苏州人家年夜饭后，有守岁风俗，家人围炉团坐，终夕不寝，叙天伦之乐

“吉利”之意，就如袁学澜《姑苏竹枝词》所说：“儿童敲鼓动春声，压岁分钱乐意生。隔幔红灯喧笑语，几家楼阁夜投琼。”包天笑小时候守岁时玩的游戏，也为状元筹和升官图。他家里有一副象牙的状元筹，刻得很工细，但一过新年，将近开学，祖母便命令收起来。

据说小儿女守岁时终夜不寝能延年，所以大人们想尽办法不让他们睡觉，除了给他们玩各种玩具外，还以老鼠即将做亲来哄他们。小孩好奇心重，强打精神睁大眼睛等着，可久久不见老鼠出现。待到昏昏欲睡之时，东方发白黎明已至，阵阵春雷般的闭门、开门爆竹声响彻天空。这样的守岁之夜，对于小儿女们来说，吃得开心，玩得过瘾，还有压岁钱可以拿，每回过年都是他们童年生活最美好的记忆。孩子们在尽情享受乐趣的时候，大人们还在忙着种火、汲水、封井、接灶、挂喜神、画米囤、听卜响、祭床、燃守岁烛、备鼠饭等，还要准备小儿女们大年初一穿的新衣裳，放了闭门爆竹才能睡上一会，有的甚至通宵不眠。

旧时，煤炭店每到年底都要送欢喜团、撑门炭。吴俗，除夕夜将欢喜团埋于炉中，置寝室，煦然有兴旺相暖热之意；讲究些的人家，将香料也埋于炉中，焰火腾腾向上，令满屋生香，称之欢喜过年。明代沈明德有《蝶恋花》咏道：“锣鼓儿童声聒耳，傍早关门，挂起新帘子。爆仗满街惊耗鬼，松柴烧在糁盆里。写就神荼并郁垒，奏乐迎神，奠酒焚香椿。分岁筵阑扶醉起，团圞骨肉同欢喜。”所谓欢喜团，就是巨炭墼，将炭屑用铁锤做成较大的块状物，上下合成，圆中带扁，晒干后俗称为欢喜团。清代吴縠人《新年杂咏》写道：“开炉重得彩，馀喜复馀欢。火色明通夕，春光聚一围。几人先附热，举室不知寒。笑指青红意，还将儿女看。”

室内的炉中有欢喜团，门前则倚长炭，也叫撑门炭、封门炭。袁学澜《咏撑门炭》说“风雪难逢送炭人，撑门聊博暖生春。思量牖户绸缪计，先办晨炊自积薪”。杭俗则在除夕封门时，束甘蔗树于门侧，取渐入佳境之意。各地做法不同，叫法各异，相同的是美好的祝愿：兴旺发达，吉祥如意。

天地暖
稻菽香
傲雪

# 后记

这本小书，按四季分《拜春》、《消夏》、《护秋》、《贺冬》，分别以范成大“淳熙丙午，沉疴少纾，复至石湖旧隐，野外即事，辄书一绝，终岁得六十幅，号四时田园杂兴”的《春日田园杂兴十二首》、《夏日田园杂兴十二首》、《秋日田园杂兴十二首》、《冬日田园杂兴十二首》为章前按语，再根据节俗配以明清等旧时图画，个人认为，旧事旧诗旧图，才格外相宜。当然，再插入一些现今拍摄的高清风俗彩照，则更加贴近现实生活。

每篇小文以过去、现在和未来的时间顺序书写。过去，即追根溯源，追溯每条岁时风俗产生的本源；现在，即对至今尚存的岁时风俗加以叙述及古今对比；未来，即正确引导，一些内容积极向上、具有现实意义的岁时风俗提议恢复。由于字数限制，虽说面向苏州大市范围，但许多地方只能点到为止，无法一一展开。又因为丛书定位为“普及性读物”，故而撷取耳熟能详、具有代表性的风俗而已。当然，苏州的岁时风俗远不止这四十一条。

如今，尽管大部分岁时风俗已淹没在历史长河中，不过近年来人们生活水平日益提高，衣食无忧的同时，越来越重视一年四季的岁时风俗。随着时代的进步，政府的倡导，在一些具有教育意义又充满正能量的岁时节日，采取放假的举措，使一些久违了的风俗重又回到我们的生活中。现在依然流行的风俗有拜年、迎财神、拜天公、灯会、探梅、赛猛将、扫墓踏青、浴佛吃乌米饭、放生、轧神仙、赛龙舟吃粽子、赏荷、看串月吃月饼、登高吃撑腰糕、闻桂、吃腊八粥、放爆竹烟花等，虽然种类和规模已与往昔不可相提并论，却令现代人忙碌的生活节奏放慢了些许。但愿人人从自我做起，自觉吸取其中的精华，弃其糟粕，以积极向上的心态，追求生活中的愉悦和精神上的寄托，保护好我们赖以生存的环境的同时，与一切众生和平共处，使人间充满爱悯的关怀，处处洋溢真善美的温暖，令社会更加和谐美好。

自认才疏学浅，苏州风俗写到第三本也终究未能写出多少新意来，惭愧至极。赘述数语，以为后记。

吴眉眉

二〇一四年重阳于苏州光福紫雨楼

图书在版编目（CIP）数据

民风 / 吴眉眉著. — 苏州 ：古吴轩出版社，
2016.5
（典范苏州社科普及精品读本 / 蔡丽新主编. 传道
修身苏州）
ISBN 978-7-5546-0477-9

Ⅰ. ①民… Ⅱ. ①吴… Ⅲ. ①风俗习惯 — 介绍 — 苏州
市 Ⅳ. ① K892.453.3

中国版本图书馆CIP数据核字（2015）第148606号

责任编辑：徐小良
封面设计：陆月星
装帧设计：唐　朝　韩桂丽
责任校对：李爱华
责任照排：韩桂丽
图片提供：唐苏民　吴万一　朱　宏　沈铮泓　于　祥　王亭川　王欣源
沈　石　阮　强　徐志强　钱　祺　刘　俊　潘　维　孟　峰
唐伟明　张　颖　拉　拉
篆　　刻：卫知立

书　　名：传道 修身苏州 民风
著　　者：吴眉眉
出版发行：古吴轩出版社
地址：苏州市十梓街458号　　邮编：215006
Http：//www.guwuxuancbs.com　E-mail：gwxcbs@126.com
电话：0512-65233679　　传真：0512-65220750
出 版 人：钱经纬
印　　刷：苏州日报印刷中心
开　　本：880×1230　1 /32
印　　张：8
版　　次：2016年5月第1版　第1次印刷
书　　号：ISBN 978-7-5546-0477-9
定　　价：36.00元

如有印装质量问题，请与印刷厂联系。0512－65640827

封面用纸：190g东方雅韵　内页用纸：80g雅致　金华盛纸业提供